本书出版获得以下项目资助：

教育部人文社科青年基金“基于碳生产率的工业转型升级路径研究”（5YJCZH046）、山西省软科学项目“山西省利用外资推动技术创新和节能环保的路径研究”（2016041018-5）、山西省软科学项目“自贸区战略与山西扩大对外直接投资研究”（2014041007-1）。

中国利用外资的溢出效应研究

秦晓丽 著

WUHAN UNIVERSITY PRESS
武汉大学出版社

图书在版编目(CIP)数据

中国利用外资的溢出效应研究/秦晓丽著. —武汉：武汉大学出版社，2016.6

ISBN 978-7-307-18069-7

Ⅰ.中…　Ⅱ.秦…　Ⅲ.外资利用—研究—中国　Ⅳ.F832.6

中国版本图书馆 CIP 数据核字(2016)第 129259 号

责任编辑:唐　伟　　责任校对:汪欣怡　　版式设计:马　佳

出版发行：**武汉大学出版社**　(430072　武昌　珞珈山)

(电子邮件：cbs22@whu.edu.cn　网址：www.wdp.com.cn)

印刷:湖北恒泰印务有限公司

开本：720×1000　1/16　印张:11.5　字数:168 千字　插表:1　插页:1

版次:2016 年 6 月第 1 版　2016 年 6 月第 1 次印刷

ISBN 978-7-307-18069-7　定价:30.00 元

前　言

自20世纪90年代以来，中国利用外商直接投资（FDI）的强度逐年深化，2014年我国实际使用外资总金额为1197亿美元，居全球第一位。各地区招商引资的政策优惠，以及入世以来外资进入领域的逐步开放，使得我国利用外资的广度不断拓展，深度日益加强。一方面，外资企业的先进技术和管理经验，以及外资企业对海外市场的熟悉，能够为我国及我国的内资企业带来正向的溢出效应；另一方面，外资企业对内资企业的竞争性冲击也是不容忽视的。因此，如何有效地利用外资，为内资企业的技术进步、出口增长以及我国的区域环境质量改善作出贡献，成为现阶段引进外资的重中之重。

综上所述，在我国经济体制转型的大背景下，本书研究中国如何更好地利用外资的正外部性，有效提升本土企业的技术水平、拉动企业出口与改善区域环境质量，并提出有针对性的政策建议。具体地，本书系统性地研究了外资对东道国企业的技术溢出效应、对东道国企业的出口溢出效应，以及对东道国城市的环境溢出效应。本书的实证研究结果发现，利用外资的确能促进东道国企业的出口；内资企业的人力资本可以帮助其吸收同行业外资的技术溢出；此外，引进外资能够有效地减少我国城市的工业污染物排放。

本研究继承已有的国内外研究，紧密结合中国利用外资的特点，充分汲取了前人的研究成果，主要在以下方面做了一些创新性的探讨：（1）从一个新的视角出发，将外资的出口溢出和环境溢出作为外资溢出效应的有机组成部分，结合传统的外资技术溢出，系统地分析了利用外资对中国经济和环境的多方面影响；（2）在外资技术溢出的分析框架下，对内资企业的人力资本和吸收能力进行了度量，结果更能反映中国内资企业自身吸收能力促进其从外资中吸收技术进步；（3）在外资出口溢出测度过程中，通过区分产业内溢出与上下游关联的产业间溢出，全面探索出口溢出的特点；（4）在研究外资环境溢出过程中，由于环境污染具有空间相关性，使用空间计量模型进行刻画，避免忽略空间关联所产生的遗漏偏误，能更真实地反映利用外资与工业污染排放的关系；（5）采用国家统计局的工业企业面板数据进行估计，该数据库涵盖的企业产值占全部工业总产值的90%以上，使得估计结果更具普遍性和说服力；（6）提出了一系列具有可操作性的提高外资利用质量与提升外资正向溢出效应的相应政策建议。

本研究得到以下基金资助：教育部人文社科青年基金“基于碳生产率的工业转型升级路径研究”（编号：5YJCZH046）、山西省软科学项目“自贸区战略与山西扩大对外直接投资研究”（2014041007-1）、山西省软科学项目“煤炭价格波动特征分析与山西宏观经济关系研究”（2013041015-04）和山西财经大学青年科研基金“中国外资与外贸的环境效应研究”（QN-2014011）。

本书在写作过程中，得到了张雷教授与景普秋教授的悉心指导，在此表示由衷的感谢！由于相关领域的研究发展迅速，加之作者水平有限，书中难免有一些不足和不妥之处，敬请广大同行专家不吝批评指正。

秦晓丽

2016年3月5日

目　　录

第1章 导 论

1.1 研究背景与问题的提出

1.1.1 研究背景

改革开放以来，我国利用外资的水平逐步深化。中国利用外商直接投资（FDI）的历程：从20世纪40—50年代的允许外资进入，60—70年代的限制性引资，80年代的自由化初期，到90年代的大量涌入，再到2000年以来实际利用外资金额的屡创新高，以及我国各地方政府对外资的激励政策甚至是竞争吸引政策。之所以发生这个变化过程，是因为全球一体化进程的逐步推进，更是因为我国作为东道国一直确信FDI的进入会促进我国的经济增长。

回顾中国的引资政策，大概经历了以下三个阶段：

第一个阶段是1992年以前，这个阶段中国虽然在政策上制定了很多鼓励和吸引外资进入的政策，但真正进入中国市场的外资却很少。1979年至1991年，合计利用FDI仅233.5亿美元，FDI占国内固定资产投资的比重也很低。

第二个阶段是1992年邓小平南方谈话之后，国内掀起了经济发展的新高潮，也吸引了大量外商直接投资的进入，当年FDI比1991年增加一倍以上，超过了100亿美元。1996年更是突破了400亿美元。

第三个阶段是2001年底加入世界贸易组织后，从2002年开始，FDI进入了一个新的发展阶段，当年总计527.43亿美元。2003—2013年，外商在华投资总金额以平均4.6%的速度快速增长，

2014年我国实际使用外资总金额为1197亿美元，居全球第一位。

在早期，我国对于吸引外资有很大的政策倾向，利用外资金额虽大，但是主要还停留在利用外资促进当地就业和拉动GDP的层面。随着入世以后，对于外资能够进入的领域的限制逐步放松，利用外资的质量问题，即外资对本国企业和本国经济所能够发挥的作用，越来越多地被公众与政府关注。

作为“资本、技术、营销、管理的结合体”（Cheng和Kwan，2000）的外商直接投资不仅弥补了国内经济发展过程中的资金缺口，而且通过溢出效应带来了新的管理经验及技术，加快了区域产业结构调整和市场化进程，因而外资也是推动中国经济高速增长的一个重要引擎（钟昌标，2010）。一方面，外资企业的先进技术和管理，以及其对海外市场的熟悉，都能够为内资企业带来有益的外部性和溢出效应；另一方面，外资企业对内资企业的竞争和冲击也是不容忽视的。因此，如何有效地利用外资为我国的技术进步与出口增长作出贡献，成为现阶段吸引外资的重中之重。

此外，随着引资规模的扩大，中国的环境质量也在急剧恶化，大气污染、固体废弃物、酸雨等一系列的环境问题日益严重，环境污染已引起了相关部门的高度重视，2009年中国政府在哥本哈根世界气候大会上就明确承诺了碳减排目标。因此把握当前国际环保大趋势、努力利用外资来解决环境污染问题已成为我国政府所面临的严峻而又现实的议题，外商直接投资的环境效应也引起了研究者们的广泛关注。

1.1.2　问题的提出

在我国经济体制转型的大背景下，本书全方位、系统性地考察外资对经济和环境等多方面的溢出效应，旨在研究中国如何充分发掘外资的正外部性。具体探究的问题如下：

（1）基于中国工业企业面板数据，研究外资技术溢出的作用机制，探索我国内资企业的人力资本与吸收能力是否会影响外资技术溢出的效果。

（2）从行业内的横向溢出，到行业间的前向和后向溢出，研究利用外资对我国内资企业的出口是挤入还是挤出效应。

(3) 不同所有制企业、不同外资特征是否会引致不同的结论。

(4) 利用中国地级市空间面板数据，探究利用外资是否能有效减少我国城市的工业污染物排放，改善区域环境质量。

(5) 探索中国利用外资实现全面发展的有效实现模式，为中国经济实现转型发展、低碳发展与外资外贸协同发展提供相应的政策建议。

1.2　研究内容与研究方法

1.2.1　逻辑结构（见图 1-1）

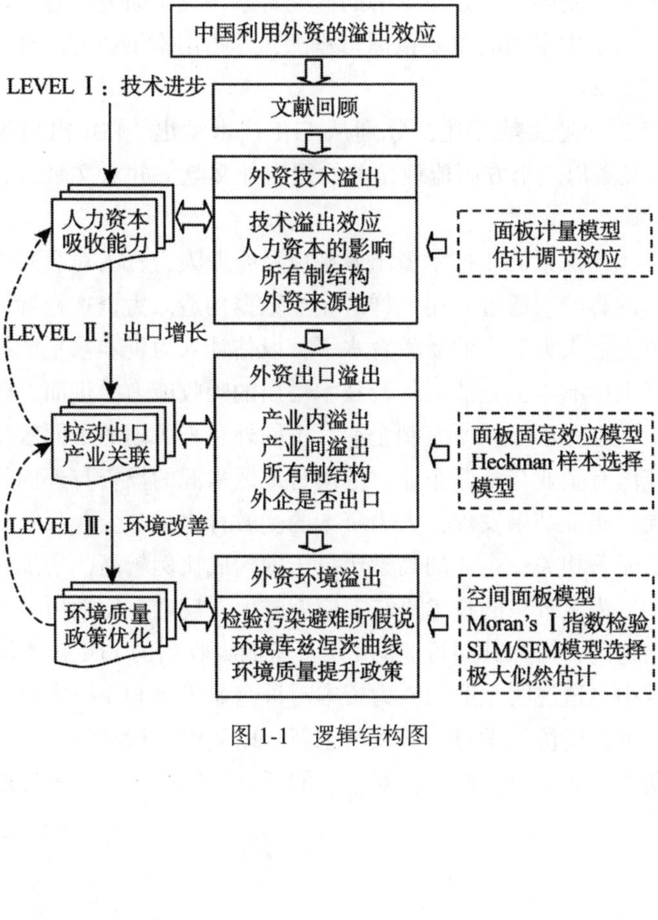

图 1-1　逻辑结构图

第一章是本书的导论；第二章是文献综述，对相关文献进行梳理和评述；第三章研究外资的技术溢出效应，以及东道国企业的人力资本对 FDI 技术溢出的影响；第四章研究外资的出口溢出效应，即外资对东道国企业出口的影响；第五章研究外资的环境溢出效应，即 FDI 对东道国环境质量的影响；第六章对全书的结论进行总结，提出政策建议并指出未来的研究方向。

1.2.2　研究内容

本书采用实证研究方法，系统性地研究如何有效地利用外资的溢出效应为东道国的经济和环境作出贡献。具体地，本书系统性地分析外资对东道国企业技术的溢出作用、对东道国企业出口的溢出作用，以及对东道国城市的环境溢出作用。

第 1 章是导论，介绍本书的研究背景，提出研究问题与研究内容，引入书中采用的主要指标与概念，并指出本书研究的理论意义与现实意义。

第 2 章是文献综述，分别从 FDI 技术溢出、FDI 出口溢出和 FDI 环境溢出三个方面梳理相关的国内外文献，并对文献进行简单的述评。

第 3 章探索 FDI 技术溢出效应以及企业人力资本对吸收 FDI 技术溢出的影响。通过采用大样本企业数据构造人力资本指标，准确地反映企业人力资本的受教育水平，以估计人力资本水平能够在多大程度上影响本土企业对外资技术溢出的吸收能力。进而，使用分样本估计来考察不同所有制企业、不同外资来源国的不同效果，旨在探究国有企业与私营企业、港澳台地区来源的投资与外商投资间的差异。实证结果发现，人力资本的受教育水平与企业吸收外资技术溢出显著相关，企业的高学历员工的构成比例越高，增加其同行业的 FDI 为之带来的技术进步效应就越大；反之，低学历员工的构成比例越高，增加其同行业的 FDI，所能吸收到的 FDI 技术溢出效应就越小。这说明企业的人力资本对该企业吸收 FDI 技术溢出有显著的贡献，模仿与学习、研发与创新，以及促进积极的人员流动效应占据了主导地位。此外，对企业的所有制结构与外资来源的研究分别指出，私营企业相较于国有企业、外商投资相较于港澳台投资来说，企业的人力资本对FDI技术溢出均有更强的促进作用。

第4章研究FDI的出口外部性，即出口溢出效应。通过采用行业内和行业间FDI溢出的指标度量外资的影响，本章研究FDI对于出口的水平溢出、前向和后向溢出。进而，使用分样本估计来考察内资企业的所有制结构以及外资是否从事出口业务的不同效果，旨在探究国有企业与私营企业、出口的外资与非出口外资间的出口溢出效应的差异。在解决样本自选择导致的内生性问题之后，实证结果显示，外资在行业内和行业间均有显著的出口溢出效应。此外，对企业的所有制结构和外资是否出口的研究分别发现，相较于国有企业，私营企业能够从FDI中获得更多的出口增长；然而，外资是否出口对FDI出口溢出的结论是混合的。这说明，利用外资对于促进出口的益处是多方面的，即外资不仅能对本行业的内资企业产生积极的出口促进效应，而且还能通过产业间的纵向联系，与其他行业的内资企业进行充分的信息与技术等方面的沟通，对其他行业的内资企业也能够辐射正向的溢出效应。

第5章重点关注FDI对东道国环境的影响，即环境溢出效应。本章通过采用空间面板的计量模型，重点研究FDI的环境效应，检验“污染避难所”假说是否存在；同时度量GDP对于环境污染的影响，探讨环境库兹涅茨曲线（EKC）的存在性。在控制空间自相关性之后，实证研究的结果表明：第一，“污染避难所”假说并不成立，相反地，FDI能够显著地降低工业二氧化硫和工业粉尘的污染物排放，从而能够改善地区环境质量。第二，利用外资与环境污染存在正向的空间关联，有很强的比邻效应和集聚效应。第三，在空间面板回归中检验产出水平对环境污染的影响，结果证实了环境库兹涅茨曲线确实存在，产出与环境污染呈现“倒U形”的关系，即随着产出的增加，环境污染会先上升，在越过拐点之后，再呈现下降的趋势。

第6章对全书的结论进行总结，提出了一系列具有可操作性的提高外资利用质量与提升外资正向溢出的相应政策建议，并指出本书的不足和未来的几个研究方向。

1.2.3　研究方法

（1）研究外资技术溢出效应的方法。

首先，在计量方法的选择上：①本书使用微观企业面板数据，故而运用面板计量方法来进行研究。采用国家统计局的工业企业2004—2007年的面板数据来进行估计，由于该数据库涵盖的企业产值占全部工业总产值的90%以上，面板计量方法得出的估计结果更具普遍性和说服力。②主效应、调节效应的估计。为了研究人力资本的受教育水平如何调节FDI对技术进步的影响，本书在主效应中加入调节效应，即人力资本与FDI的交互项。预期人力资本是积极的调节效应，即人力资本会弱化FDI对技术进步的抑制作用（若FDI主效应为消极），或强化FDI对技术进步的促进作用（若FDI主效应为积极）。

其次，在计量模型的运用上，由于人力资本的受教育水平这个关键解释变量不随时间的推移而变化，面板数据的固定效应模型无法估计出人力资本变量的系数，故而采用面板序列的随机效应（Random Effect）模型与混合最小二乘（Pooled OLS）两种方法进行估计。具体运用Stata 12.1软件进行估计。

最后，在主要变量的构造上：①人力资本指标。考虑到员工的职称与该职工的工作年限有很大关系，受教育水平即学历更能反映一个员工的素质，故而采用企业员工的最后学历作为衡量其人力资本的指标，具体分为：研究生学历，大学本科、专科学历，中学及以下学历。为使不同企业间具有可比性，用各学历水平的员工数量除以该企业的雇员总数，以得出的比率来衡量企业的人力资本。②FDI密度。根据Javorcik（2004），采用行业内企业的外资含量占实收资本之比，再被企业产出占行业总产出的比重加权平均，并取一年的滞后来衡量行业内的FDI密集度。

（2）研究外资出口溢出效应的方法。

首先，在计量方法的选择上：①本章采用Heckman样本选择模型，以解决样本选择的问题。由于出口的变量是一个被截断的被解释变量（Truncated Dependent Variable），企业样本中有超过3/4

的企业没有选择出口，于是这些非出口企业并未参与估计。然而，FDI 的溢出很有可能影响到非出口企业选择出口的概率，遗漏这部分样本并不是一种随机选择，从而很有可能会造成估计值的偏误。无论是混合 OLS 还是固定效应，这一问题都无法得到解决。为此，参照文献中的处理方法（Heckman，1979；Wooldridge，1995，2002），FDI 对非出口企业的影响也被纳入考虑。②主要使用微观企业面板数据，运用面板计量方法来进行研究。

其次，在计量模型的运用上，采用固定效应模型，以克服内生性的问题。文献普遍认为，影响企业出口会有许多不随时间改变的不可观测因素，如企业领导者的战略或偏好，如当地的基础设施、交通通信及经济环境，如中央政府和当地政府的出口政策或其他产业政策等。而这些不可观测的变量在很大程度上会与 FDI 行业内溢出、行业间溢出的变量相关，因而对不可观测变量的遗漏将造成计量估计结果的偏误。因此，除了控制上面所述的企业异质性变量外，本书主要采用了面板数据的固定效应模型（Fixed Effect Model）来进行估计。具体运用 Stata 12.1 软件进行估计。

最后，在主要变量的构造上：①FDI 的水平溢出、后向溢出与前向溢出。根据 Javorcik（2004），使用大样本企业数据来构造 FDI 的水平溢出、后向溢出与前向溢出的三个指标，以全面、准确地度量外资在行业内与行业间的溢出效应。②全要素生产率。基于 Olley-Pakes（1996）的方法和微观企业数据，准确估计企业的全要素生产率，对企业的技术水平进行了很好的控制。

（3）研究外资环境溢出效应的方法。

首先，在计量方法的选择上，因为邻近地区的环境污染存在很强的空间相关性，所以本书重点采用城市面板数据，运用空间面板计量方法来进行研究。这是因为，一方面，风力、水流等自然力的作用，会使污染物向周边地区扩散；另一方面，邻近地区的地方政府在环境、税收等政策方面的关联，会使得邻近地区的环境污染存在很强的空间相关性（刘洁和李文，2013）。具体包括两个步骤：①检验空间自相关。用 Moran's I 指数检验空间自相关是否存在，如果 Moran's I 指数显著，证明存在空间自相关，应采用空间面板的估计方法。②构造空间权重矩阵。考虑到传统的0—1邻接矩阵并不能很好地反映出那些并非相邻但距离很近的地区之间的空间关联，拟选取两地区之间的地理距离的倒数为空间权重构造空间权重矩阵。具体依据国家基础地理信息系统对地级市间的距离进行测算。

其次，在计量模型的运用上，空间面板现有的估计模型主要有两种：空间滞后模型（SLM）和空间误差模型（SEM），采用LM统计量来检验两种模型的适用性，选取最优的模型。对估计方法而言，根据Elhorst（2011），对于面板空间计量模型，采用传统的OLS估计方法会造成偏误，应使用MLE或GMM方法。由于实际操作中GMM选取工具变量有争议，且满足误差项正态分布假设下，MLE的估计更有效，因此采用MLE的估计方法。具体运用Stata 12.1软件进行估计。

最后，在主要变量的构造上：①环境污染。二氧化硫和工业粉尘是雾霾的主要成分，所以分别用工业二氧化硫排放量和工业粉尘作为度量环境污染的指标，以全面、准确地度量环境污染。②能源消费：鉴于大气污染物主要是燃烧能源的结果，可以预见能源消费量是影响污染程度的最重要因素之一，又因为被解释变量是工业排污量，所以选用工业用电量的指标。③产业结构。产业结构将影响环境污染的强度，如果第三产业的比重提高，污染将会有所缓解；反之，如果第二产业的比重提高，将会加剧污染。具体采用第二产业产值占该地市的总产值的比重来衡量产业结构。

1.3 相关概念

本书基于外部性的视角，研究了我国利用外资对技术、出口与环境三个方面的溢出效应，并基于外资在行业内和行业间的参与程度来刻画其外部性。本小节将重点对FDI、外资溢出效应与外资参与程度的概念和计算进行一些简单的介绍。

1.3.1 FDI

外商直接投资（Foreign Direct Investment，FDI），也叫国际直

接投资，它有着不同的定义，国际货币基金组织定义为，“为获得某经济体的一个企业——而不是投资者的企业——的长期利益而进行的投资，投资者的目的是在该企业管理中具有有效的发言权”。美国商务部的定义是：外国投资者的股份超过 10% 阈值。经济与合作组织国家普遍采用这个定义。中国外商直接投资主要指中外合资经营、中外合作经营和外商独资企业的投资，宽泛意义上还包括外商投资股份制、合作开发和 BOT 等。

外商直接投资是相对于外商间接投资（Foreign Indirect Investment，FII）而言的。间接投资包括国际信贷投资和国际证券投资。国际信贷投资是指一国政府、银行或者国际金融组织向第三国政府、银行、自然人或法人提供信贷资金；国际证券投资是指以购买国外股票和其他有价证券为内容，以实现货币增值为目标而进行的投资活动。外商直接投资与外商间接投资的根本区别在于对筹资者的经营活动具有控制权。

具体地，外商直接投资的主要形式如下：

（1）中外合资经营企业，也称股权式合营企业。它是外国公司、企业和其他经济组织或个人同中国的公司、企业或其他经济组织在中国境内共同投资举办的企业。其特点是合营各方共同投资、共同经营、按各自的出资比例共担风险、共负盈亏。各方出资折算成一定的出资比例，外国合营者的出资比例一般不低于 25%。中外合资经营企业是中国利用外商直接投资各种方式最早兴办和数量最多的一种。在吸收外资中占有相当比重。

（2）中外合作经营企业，也称契约式合营企业。它是由外国公司、企业和其他经济组织或个人同中国的公司、企业或其他经济组织在中国境内共同投资或提供合作条件举办的企业。各方的权利和义务，在各方签订的合同中确定。举办中外合作经营企业一般由外国合作者提供全部或大部分资金，中方提供土地、厂房、可利用的设备、设施，有的也提供一定量的资金。

（3）外商独资企业。指外国的公司、企业、其他经济组织或者个人，依照中国法律在中国境内设立的全部资本由外国投资者投资的企业。根据我国《外资企业法》的规定，设立外资企业必须有利于我国国民经济的发展，并应至少符合下列一项条件，即采用国际先进技术和设备的；产品全部或者大部分出口的。外资企业的组织形式一般为有限责任公司。

（4）外商投资股份公司。外商投资股份有限公司是指全部资本由等额股份构成，股东以其所认购的股份对公司承担责任，公司以全部资产对公司债务承担责任，中外股东共同持有公司股份，外国股东购买并持有的股份占公司注册资本25%以上的企业法人。股份公司可以发起方式或募集方式设立，现有的外商投资有限责任公司也可申请改制为股份有限公司。

（5）合作开发。指一国及以上的外商与本国有关法人通过签订合同，由外商投资对本国的矿产进行勘探开发，并独自承担投资风险，若勘探成功，外商自动获得其后的开发权，并取得一定数量的所开采矿产作为补偿。目前我国主要在海上和陆上石油勘探中采用。它是国际上在自然资源领域广泛使用的一种经济合作方式，其最大的特点是高风险、高投入、高收益。合作开发一般分为三个阶段，即勘探、开发和生产。相比以上三种方式，合作开发所占比重很小。

（6）BOT（Build-Operate-Transfer，建设—经营—转让）。在中国一般称之为“特许权”，是指政府部门就某个基础设施项目与私人企业（项目公司，包括外国企业）签订特许权协议，授权签约方的私人企业（包括外国企业）来承担该项目的投资、融资、建设和维护，在协议规定的特许期限内，许可其融资建设和经营特定的公用基础设施，并准许其通过向用户收取费用或出售产品以清偿贷款，回收投资并赚取利润。政府对这一基础设施有监督权、调控权，特许期满，签约方的私人企业将该基础设施无偿或有偿移交给政府部门。在基础设施领域的BOT项目已开始尝试，如广西来宾电厂的BOT项目已获得批准。

1.3.2 外资溢出效应

外部性（Externality）又称为溢出效应（Spillover Effect）、外部效应或外部经济，指经济主体的经济活动对他人和社会造成的非市场化的影响，分为正外部性（Positive Externality）和负外部性（Negative Externality）。正外部性是某个经济行为个体的活动使他人或社会受益，而受益者无需花费代价，积极的溢出效应即为正外部性。负外部性是某个经济行为个体的活动使他人或社会受损，而造成负外部性的人却没有为此承担成本，消极的溢出效应即为负外部性。

根据外部性作用的对象不同，本书对利用外资的溢出效应具体将探讨三个方面：技术溢出效应、出口溢出效应与环境溢出效应，对其阐释如下：

（1）技术溢出。Arrow（1962）最早用外部性解释了溢出效应的作用，他认为新投资具有溢出效应，不仅进行投资的厂商可以通过积累生产经验提高生产率，其他厂商也可以通过学习提高生产率。而具体到外商投资而言，其主体跨国公司是世界先进技术的主要发明者和主要供给方，跨国公司通过对外直接投资内部化实现其技术转移。这种技术转让行为会给东道国带来外部经济，即技术溢出。一项技术溢出是一个正的外部性的特定情况，它既不是经济活动本身获得利益，也不是由该项活动产品的使用者获得利益。换句话说，这种利益对于经济活动本身是外在的，对社会产生了外部经济。

技术溢出可以有很多种产生作用的途径，如东道国企业对跨国公司的高新技术进行学习与模仿，或两类企业在市场上出现激烈的竞争，以及要素市场的高级技术、管理人员流动等，都可能激发出技术进步的结果。例如，一家跨国公司发明了一项新技术，随之该技术被竞争企业复制或学习，表现为竞争企业通过搜集跨国公司新技术的基础知识，加上自身研究开发组合成与跨国公司相近的研究成果，一段时间以后，相关市场中所有的产品和服务都会体现这类技术，那么这些产品或服务使用者的利益将是外在的，由于是实现或产生利益的企业与产生技术的企业展开竞争，即技术产生了溢出效应。

（2）出口溢出。较早是由 Aitken（1997）从实证分析的角度来研究了外资的出口溢出效应。这是另外一种外部性的特定情况，不仅进行投资的厂商可以通过积累生产经验提高生产率，其他厂商也可以通过学习提高生产率。首先，FDI 带来的出口信息外部性和示范效应，使 FDI 很可能会产生出正向的技术溢出，从而有利于东道国企业提高其自身的技术水平，从而在出口市场上更具有竞争力①；其次，外资企业本身有更高的出口倾向，并可以通过购买中间产品和提供原材料，提高其上游和下游的内资企业的国际化程度，包括生产能力、产品标准等，从而提高行业间内资企业的出口倾向；最后，由于外资企业有更强的海外背景和海外关系，从而有助于为本土企业建立与海外的商业联系，如商业平台的构建或者其他信息的流转②，因此也能在一定意义上降低本土企业的出口成本。然而，不可忽视的是可能存在的消极影响，与此同时，外资企业本身的出口可能会对本土出口企业形成竞争压力，从而对出口有一定的挤出效应，于是也有可能导致企业从 FDI 中获得的出口增长并不明显。

（3）环境溢出。陈继杰（2006）较早地提出了外资的环境溢出这一概念，然而对于外资对环境的影响，国外的研究应从 Walter 和 Ugelow 在 1979 年首次提出污染避难所假说开始。该假说认为，由于发达国家的环境管理能力普遍高于发展中国家，制定的环境标准也更为严格和完善，在各种生产要素和资源配置全球化的浪潮下，发达国家的污染较重、耗能较高的产业必然会向发展中国家转移，因此发展中国家的生态环境将会受到影响。根据污染避难所假说，环境规制的差异是决定外商直接投资是否流入的重要影响因素。那么是否利用外资对于环境只有负外部性呢？其实不然，后续的理论研究表明，正外部性同时存在并且从几个方面发挥作用：第一，收入效应。利用外资会提高东道国的 GDP 与人均收入，从而提高城市居民的环保意识，倒逼政府采取更严厉的环保法规，因此也能在一定程度上提高东道国的总体环境水平。第二，技术溢出效应。FDI 产生正向的技术外部性，有利于东道国企业提高技术水

---

① Melitz（2003）的经典文献认为，那些生产率较高的国内企业更倾向于选择出口。

② Aitken 等（1997）称之为信息的外部性（Informational Externality）。

平，提高能源利用效率，并降低污染物的排放。第三，直接环境效应。外资企业在国外受到更高环境标准的约束，具有更强的环保倾向，表现在节能生产、新能源使用、先进的排污与污染物处理技术等方面，故能直接提高东道国城市的环境质量。

1.3.3 外资参与程度

考察外资的溢出效应，研究重点在于外资如何向东道国以及东道国本土企业扩散外部效应。要精准度量这种影响，就涉及如何度量外资在东道国的参与程度，即外资进入东道国后，在关联产业中的参与程度。产业关联主要有三种形式：产业内的水平关联、产业间的后向关联与前向关联。水平关联是指外资企业对同行业东道国企业的作用。后向关联是指外资企业从东道国的当地供应商获得产品（或服务）；前向关联是指外资企业为东道国企业或顾客提供产品（或服务）。

因此，根据产业关联的形式，将溢出效应分为三种：水平溢出（Horizontal Spillover）、前向溢出（Forward Spillover）与后向溢出（Backward Spillover）。具体地，把外资对同行业内资企业的溢出效应称为水平溢出或行业内溢出。把外资对其下游原材料与中间产品供应商的内资企业的溢出效应称为后向溢出，外资对上游产业链内资企业的溢出效应称为前向溢出。其中，前向溢出和后向溢出统称为行业间溢出。

（1）FDI 的水平溢出。该变量衡量了外资在行业内的参与程度。根据 Javorcik（2004），本书采用行业内企业的外资含量占实收资本之比，再被企业产出占行业总产出的比重加权平均后的指标来衡量行业 j 内的 FDI 溢出，计算公式表示为：$\text{Horizontal}_{jt} = \left(\sum_{i \in j} \text{ForeignShare}_{it} \times Y_{it}\right) \Big/ \left(\sum_{i \in j} Y_{it}\right)$，其中 ForeignShare_{it} 是企业 i 在时间 t 的 FDI 含量占该企业实收资本的比重，Y_{it} 是企业 i 在时间 t 的产出，$\sum_{i \in j} Y_{it}$ 是行业 j 在时间 t 的总产出。由构造公式可见，行业内企业的外资含量的增加，抑或 FDI 企业的产出的增加，均能使水平 FDI 溢出的指标随之增大。

（2）FDI的后向溢出（Backward）。该变量衡量了外资的参与对下游行业的影响程度。计算公式表示为：$\text{Backward}_{jt} = \sum_{k \neq j} a_{jk}\text{Horizontal}_{kt}$，其中 a_{jk} 为行业 j 向行业 k 供给原材料与中间产品的比例，数值来源于中国2007年的投入产出表中的直接消耗系数①。在加权的时候，令 $k \neq j$，因此该指标的计算已经过滤掉了行业内部的溢出效果。由构造公式可见，有FDI的行业 k 的外资参与程度的增加，抑或行业 k 使用其他行业 j 提供的原料和中间产品的增加，均能使FDI的后向溢出的指标随之增大。

（3）FDI的前向溢出（Forward）。该变量衡量了外资的参与对上游行业的影响程度。具体地，将FDI前向溢出变量的计算公式表示为：$\text{Forward}_{jt} = \sum_{m \neq j} \varphi_{jm} \left[\left[\sum_{i \in m} \text{ForeignShare}_{it} \times (Y_{it} - EX_{it}) \right] \Big/ \left[\sum_{i \in m} (Y_{it} - EX_{it}) \right] \right]$，其中 φ_{jm} 为行业 m 向行业 j 供给原材料与中间产品的比例，数值同样来源于中国投入产出表的直接消耗系数。值得一提的是，计算行业 m 的外资参与程度时，采用了行业内企业的外资含量占实收资本之比，再被企业内销的产出占行业总内销产出的比重加权平均后的指标，之所以排除出口的那部分产出，是因为作为原料供给者的行业 m 已经用于出口的那部分产出，显然不可能再提供给行业 j 中的内资生产商，也就不可能对内资企业的出口作出贡献。由构造公式可见，有FDI的行业 m 的外资参与程度的增加，抑或行业 m 向其他行业 j 供给的原料和中间产品的增加，均能使FDI的前向溢出的指标随之增大。

1.4　研究意义

1.4.1　理论意义

本书基于外商直接投资具有外部性的视角，通过系统性地研究

① 投入产出表的编制以行业分类准则中的二位数行业代码为依据。该表列于附录3。

FDI的技术溢出、出口溢出与环境溢出三种溢出效应的影响，旨在对外商直接投资进行更全面的认识，利用外资以解决中国当前三个方面的矛盾和问题：招商引资与技术进步、利用外资与促进外贸、经济发展与环境污染，并深入探讨东道国政府行为的作用，具有重要的理论价值。

首先，已有的研究大多着眼于利用外资的单方面外部性，如外资的技术溢出效应，而忽略了利用外资带来的其他层面的外部性。本书将外资对技术、外贸和环境三方面的溢出效应结合起来，系统性地研究了如何有效地利用外资，故能弥补文献对技术溢出关注过多、对出口溢出效应和环境溢出效应的研究严重不足的缺憾，完善文献对利用外资促进东道国经济与环境全面发展的研究。

其次，本书基于FDI外部性的视角，对现有文献进行了补充和创新。第一，对于FDI技术溢出而言，尽管研究的文献很多，但本书选取了企业人力资本的受教育水平这一独特视角，对于企业吸收FDI技术溢出的能力进行研究。第二，对于FDI出口溢出而言，外国学者对此问题的关注很少，中国学者对此问题的研究虽多，但大部分基于宏观数据进行考察，本书则侧重于从企业微观层面发掘结论。第三，对于FDI环境溢出而言，由于环境污染具有空间相关性，大多数现有文献却并未对此加以控制，本书则运用城市数据与空间相关模型，尽可能提高研究结果的可靠性。

最后，本书以全国工业企业大样本的微观面板数据库为基础，从而能够有效地控制企业层面可能会造成影响的因素，并对企业的行为进行具体深入的研究。同时区分了外资企业和内资企业，重点对内资企业的技术进步和出口增长进行了考察。具体地，本书采用的是国家统计局的工业企业数据，该数据库包括工业行业中所有的国有企业和主营业务收入在500万元规模以上的非国有企业，涵盖的企业产值占全部工业总产值的90%以上，有效地避免了采用宏观数据对微观企业行为无法进行具体观测的缺陷。通过采用微观面板数据的计量模型，并在一定程度上对内生性进行了处理，从而使得估计结果更为准确可靠。

由于水平有限，本书没有从理论上构建一般均衡框架下的理论模型来阐述国际资本市场的均衡状态及联动效应，这可以作为未来的研究方向。国际资本流动所带来的影响是多方面、多层次、多维度的，有可能存在众多的传导机制与途径。本书通过系统性的研究，加深了对这一问题的认识，丰富了现有文献的结论，并且提出了鲜明的政策建议。从目前国外的学术研究看，利用外资对东道国的外部性和溢出效应有可能成为世界经济中重要的文献，但目前学术界对这一关系的认识仍然相当有限。对这一问题继续进行深入、多角度的研究，还有待于后来学者进一步的探索。

1.4.2　现实意义

本书从外部性的角度研究了利用外资对东道国的影响，不仅具有重要的理论意义，而且具有重要的现实意义，研究结果与政策建议具有很强的针对性和可操作性。

首先，本书研究了企业人力资本的受教育水平与行业内 FDI 技术溢出的关系。实证结果发现人力资本水平与企业吸收外资技术溢出显著相关，企业的高学历员工的构成比例越高，增加其同行业的 FDI 为之带来的技术进步效应就越大。这说明国内企业应该充分利用自身的人力资本优势，加强对外资企业的学习和模仿，以及提高其自身的研发和创新能力。此外，国内企业应当加强与外资企业在人才和信息方面的互动，主动汲取外资企业优秀的技术、人才和管理经验。总之，吸引外资的同时，要注重内资企业对外资技术的消化、吸收和转化，只有将扩大招商引资应该与提高内资企业的吸收能力结合起来，才能使内资企业从长远角度上获益。

其次，本书研究了利用外资与促进东道国企业出口的关系，研究结果表明，外资在横向和纵向均有显著的出口溢出效应。这说明，利用外资对于促进出口的益处是多方面的，外资不仅能对本行业的内资企业产生积极的出口促进效应，而且还能通过产业间的纵向联系，与其他行业进行充分的信息和技术的沟通，对其他行业也能够发挥出正向的溢出效应。因此，除了关注本行业以外，关注行业间的出口溢出也大有裨益。为了充分发挥外资促进出口的作用，除了加强产业内的沟通如产业集群外，应考虑密切产业间的联系，如产业链、纵向一体化等。

最后，本书关注 FDI 对东道国环境的影响，即环境溢出效应。实证研究的结果表明，“污染避难所”假说并不成立，相反地，FDI 能够显著地降低工业二氧化硫和工业粉尘的污染物排放，从而能够改善地区环境质量；利用外资与环境污染存在着正向的空间关联，有很强的比邻效应和集聚效应。这说明，地方政府应当从节能环保的角度来考虑，改变以前地区间割裂竞争的局面，通过空间协同、产业链一体化，打造一个区域性的引资总部，借以辐射周边区域提高吸引外资质量；鼓励外资进入环保产业，鼓励外商在资本密集型、技术密集型制造业及第三产业投资；同时还要从环保技术溢出的角度考虑，提高内资企业对于外资企业清洁生产技术和先进污染处理技术的吸收、转化与再研发能力。

第2章　文献综述

自 Hymer（1976）开创了外商直接投资（FDI）研究的先河以来，在这一领域，出现频率最高的是关于溢出效应的讨论，然而这些研究针对的对象各有不同，得到的结论也大相径庭。本章力图对该领域的相关研究成果进行梳理。以便于在此基础上，开展后续各章节的研究。

2.1　利用外资的技术溢出效应

FDI 的技术溢出作为发展中国家从发达国家吸收技术进步的重要途径，在利用外资方面是最重要的潜在目标。外资所带来的先进技术、管理经验与优良人才，均可以成为发展中国家本土企业技术进步的巨大机遇。同时，外资所引起的市场格局的变化，激化的竞争与市场的重新分割，也成为发展中国家本土企业技术进步的威胁和挑战。

现有文献用不同数据检验了各国技术溢出的具体效应。关于 FDI 的技术溢出是否存在或者是否为正的问题，学术界并未达成一致结论。Takii（2005）对于印度尼西亚的制造业企业的研究发现了显著的行业内溢出，但是这种溢出效应的大小与外资特点有关。而 Altomonte 和 Pennings（2009）研究了罗马尼亚企业在 1995—2001 年间的表现，发现最初某特定行业内的 FDI 的确能推动技术的进步，但是随着该地区该行业的外资企业数量的增加，这种边际效应呈递减趋势。甚至在到达某一临界值以后，二者变成负相关。

学术界对于吸收技术溢出的影响因素或者作用渠道进行了一定程度的挖掘，现有文献通常从企业自身的吸收能力、行业间前向后向联系和外资特点等角度来进行考察。企业自身的吸收能力则主要通过人力资本、技术差距、研究开发来衡量。下面对文献进行梳理和评述。

2.1.1 FDI的技术溢出

通常认为，FDI企业对同行业企业的TFP的作用主要通过几种途径：一是示范效应（Blomstrom和Kokko，1998），即内资企业可通过自行对外资企业的技术和管理方面的学习与模仿来推进技术进步。二是竞争效应，它可能是积极的，也可能是消极的：一方面，外企的进入可能会促使同行业的内资企业提升技术以面对竞争的挑战（Blomstrom和Kokko，1998）；另一方面，由于其产品可能具有的优势，外企则很有可能会分割掉一部分市场需求，从而在竞争中对内资企业形成挤出效应（Aitken和Harrison，1999）。三是通过人才流动，即那些在外资企业工作过的员工流转到内资企业工作，在外企中学到的技术和管理实践可随之扩散到国内企业中，从而实现正向的溢出效应。而行业间的技术溢出则主要是通过与原材料供应企业和产品分销企业的前向、后向联结来实现的（Spencer，2008）。

关于FDI的技术溢出是否存在或者是否为正的问题，结论并不一致，积极效应与消极效应的发现并存。Liu等（2000）研究了英国48个制造业行业在1991—1995年的表现，发现了FDI的存在确实能够促进英国本土企业的技术进步。在对于印度尼西亚1990—1995年的制造业企业的研究中，Takii（2005）发现了正向的行业内溢出，但是这种溢出效应的大小与行业内外国资本的持有率呈负相关，甚至在有些行业，溢出效应很微弱甚至为负值。而Altomonte和Pennings（2009）研究了罗马尼亚10650家企业在1995—2001年间的表现，结果表明，最初某特定行业内的FDI的确能导致技术的进步。但是随着该地区该行业的外资企业数量的逐步增加，这种边际效应呈递减趋势。甚至在到达某一临界值以后，二者变成负相关。Castellani和Zanfei（2002）采用了法国、意大利和西班牙在1993—1997年间的制造业企业的微观面板数据，研究了外资的存在对于东道国企业生产率的影响。作者发现在意大利企业中技术溢出效应正向并且显著，但是对于西班牙和法国企业，技术溢出效应并不显著。马林和章凯栋（2008）利用2000—2005年中国28个省的省际面板数据研究了FDI的技术溢出及其影响因素。研究结果显示，外商直接投资对中国存在显著的负向溢出效应。蒋殿春和张宇（2008）的研究发现，在控制了制度改善对于效率的影响因素以后，FDI对于中国内资企业的技术溢出不显著甚至为负。

2.1.2 技术溢出与吸收能力

（1）技术差距。

通常认为，那些与外资企业的技术差距居中的内资企业能更多地受益于技术溢出，因为它们既有机会又有能力进行自我提升，即技术差距过大的企业学习能力不足，差距过小的企业提升空间不大。

Castellani和Zanfei（2002）也研究了技术差距与FDI技术溢出的关系。作者采用了法国、意大利和西班牙在1993—1997年间的制造业企业的微观面板数据，发现了当东道国企业与外资企业的技术差距越大，东道国企业越倾向于从外资中获得有益的技术溢出，从而证实了“赶超”效应的确存在，即在吸引外资中，总是那些与外资技术差距较大的企业更能够从中获得技术的进步。

基于中国1998—2003年间的制造业企业数据，使用企业的年增加值作为技术水平的代理变量，通过计算行业内外资的平均技术与内资企业技术之间的差额来衡量技术差距。Zhang等（2010）估计了对数线性化的柯布—道格拉斯生产函数（C-D Production Function），发现加入了外资参与程度变量、技术差距变量、技术差距的平方以及分别与外资做的交互项以后，技术差距二次项的交互项显著为负，说明存在着非线性的关系。具体来说，技术差距对于技术溢出的影响是一个倒U形的关系，随着技术差距增加，技术溢出先上升后下降，因此在中间存在一个最优的值。

蒋殿春和张宇（2006）对中国28个行业在1996—2004年的行

业层面数据进行了研究，某一行业的外资部门和内资部门技术水平差异同FDI技术外溢效应发挥存在负相关关系，即内外资企业之间的技术水平的差别越大，FDI的技术外溢效果发挥得往往越不理想。因为技术差异的扩大会给国内企业的学习和模仿行为带来更多的困难，因此会对技术外溢效应的产生形成一定的阻碍。

黄静（2007）使用行业内的内资的平均劳动生产率与外资的平均劳动生产率的比值来衡量技术差距，采用了中国1998—2002年间工业部门的35个行业的面板数据，并应用面板数据的随机效应模型进行了估计。最终，作者的实证研究发现，技术差距对FDI技术溢出的贡献为负，也就是说，技术差距越大，本国企业越不容易从FDI中吸收到技术溢出。

（2）研究与开发。

Barrios等（2004）对比研究了希腊、爱尔兰和西班牙三国的外资技术溢出情况，并在爱尔兰和西班牙均发现了企业自身的吸收能力在这一过程中的正向作用。值得一提的是，为了去除价格因素的干扰，作者采用企业是否有研发活动以及是否出口作为其吸收能力的度量，而使用行业中外企雇员人数的比重作为对该行业外资参与程度的代理变量。

应用捷克制造业企业在1995—1998年间的数据，Kinoshita（2000）研究了在R&D层面上FDI对技术溢出的作用机制。企业的研发行为从两种渠道促进技术进步：一是创新，即直接地增加新的信息；二是提高吸收与学习能力，即间接地受益于技术溢出。研究结果表明，在解释企业的TFP增长方面，研发行为的吸收学习效应远大于创新效应，从而从全新的角度佐证了外资技术溢出对于本土企业有着不可替代的重要作用。

吕世生和张诚（2004）采用了天津市103家企业的问卷调查数据，研究了企业投资研发对FDI技术溢出的作用。实证结果显示，R&D变量、外资在行业内的参与程度变量以及二者的交互项都显著为正，然而在去掉R&D变量之后，外资溢出变为显著的负值，于是充分说明了R&D的吸收学习效应远大于创新效应。

通过使用三个代理变量来衡量中国内资企业的研发水平，分别是：企业专利申请数量、企业科技活动费用和企业从事科技活动的人员数量，王红领等（2006）对1998—2003年的行业面板数据的研究结果显示，外资提升了内资企业的自主研发与创新能力。

2.1.3 技术溢出与人力资本

通过对中关村科技园中的合资企业的数据分析，Todo等（2009）研究了外资对所在行业的技术溢出及其影响因素。在区分了FDI的资金来源国的回归中，可以看出来自日本的外资相比于来自美国的外资，对生产率的促进作用要小。而针对企业人力资本对于技术溢出的积极影响的分析，则显示了海外教育背景的员工作用更大，其次是本土硕士学历，再次是本土本科学历。

Blalock和Gertler（2009）采用印度尼西亚制造业企业数据来收集员工受教育水平的变量，具体的为1995—1996年间企业初中以上学历的员工比例。在控制住其他因素后，作者发现了人力资本变量与FDI的交互项为正向显著。

通过研究69个发展中国家在1970—1989年间利用外商直接投资的表现，Borensztein等（1998）的研究结果表明，东道国的人力资本存量是影响外资的技术溢出的关键因素。而且只有当东道国的人力资本存量超越"门槛值"，才能够从外资中吸收到正向的FDI技术溢出。

蒋殿春和张宇（2006）以内资部门的科研人员所占全体人员的比重来衡量人力资本，通过对中国28个行业在1996—2004年的行业层面数据进行的研究，发现了内资部门人力资本状况的改善实际上可以显著地增强内资部门对FDI技术外溢效应的吸收程度。

采用中国1998—2002年间工业部门的35个行业的面板数据，并用行业内科学家或者工程师的数量占其研发人员总数的比重来衡量人力资本，黄静（2007）基于随机效应模型的回归结果显示了人力资本对于技术溢出具有正向的作用。

2.1.4 技术溢出与外资特点

在对中国1998—2003年间的制造业企业的研究中，Zhang等

(2010) 发现了外资来源国的多样性与内资企业自身的吸收能力对FDI技术溢出的促进效应。之所以会产生这样的结果，作者认为，是因为外资来源国的多样性带来了技术与管理经验的多样性，这些都通过增加本土企业的学习机会对技术扩散有着积极的影响。

Hu和Jefferson（2002）也为外资来源国对FDI技术溢出的影响提供了经验性的证据。作者研究了中国的电子和纺织行业的数据，并对比了来自中国港澳台地区的外资与来自OECD国家的外资产生的不同技术溢出效应，发现只有来自OECD国家外资的技术溢出是显著的并且为负。

利用2000—2005年中国28个省份的省际面板数据，马林和章凯栋（2008）研究了FDI的技术溢出及其影响因素。实证研究的结果显示，不同来源地的FDI在技术溢出程度上有所差异。相对于外国投资，海外华人资本的技术溢出负向程度更高，这表明海外华人资本对中国技术进步的负面影响更多，技术的挤出效应更为明显。

李广众和任佳慧（2005）采用了中国2001年和2002年的行业横截面数据来研究FDI的技术溢出，综合考察了行业内溢出和地区内溢出两种效应，并发现了外资比重对于技术溢出效应的影响。值得一提的是，为了区分外资企业本身的技术提升，以及外资对国内企业的技术溢出，作者对行业进行了细分，分为有外资参与的465个行业和没有外资参与的105个国内行业。结果表明，对于有外资参与的行业而言，FDI存在显著的地区内正技术溢出效应与不显著的行业技术负溢出效应；然而，对于没有外资参与的国内行业，FDI有显著的地区内正技术溢出效应与显著的行业内的负向技术溢出效应。

也有文献重点关注FDI投资方式对技术溢出的影响效果。如姚利民和唐春宇（2005）通过对1988—2002年中国的时间序列数据的应用，发现跨国公司投资方式不同对技术溢出效应会有明显差异。实证研究结论显示，在我国，不论是短期分析还是长期分析，外商独资都比中外合资的技术溢出效果更为显著。

2.1.5　简要评价

目前已有文献存在着一些可以突破的地方：首先，已有文献或运用时间序列数据，或采用省份与行业数据，大多未从微观企业角度入手，也就无从区分一个区域内的内资企业与外资企业，于是衍生出的技术溢出效应事实上是一个省份或一个行业的技术进步，包含外资企业本身的技术革新。而从严格意义上讲，外资对东道国的技术溢出效应，应该是指外资企业对内资企业的技术扩散。

其次，文献对吸收能力已有关注，但是罕有文献采用内资企业的员工受教育水平的指标来精确度量人力资本与吸收能力。如 Todo 等（2009）采用的衡量人力资本的指标是该行业的外资企业所雇佣的各个学历员工的比例，而对于采用这一指标所得到的结果，作者解释为行业中的人员素质越高，该行业的信息传递和人员流转效率越高，就越有利于技术溢出向内资企业扩散。然而，这样的做法仅在一定程度上考察了人力资本的客观效果，而并未评估人力资本的主观效果，即内资企业的人力资本会影响其模仿、学习、吸收与转化外资技术溢出的能力，进而会影响对 FDI 技术溢出总体效果的评估。

因此，本书在第三章中将采用全国工业企业大样本的微观面板数据库，区分内资企业与外资企业的技术进步，准确估计内资企业的人力资本水平，控制企业层面可能会影响生产率的因素，并充分解决内生性问题，来研究人力资本与吸收能力如何影响外商直接投资对我国内资企业的技术溢出。

2.2　利用外资的出口溢出效应

2.2.1　出口贸易

由于国际贸易在各国经济中的重要地位，文献很早就对国际贸易的发生机制和影响因素有了广泛的关注。根据以往文献中的结论

(Chetty 和 Hamilton, 1993; Zou 和 Stan, 1998; Calantone 等, 2006), 关于企业层面影响出口的因素主要有: 要素密集度、企业规模 (年销售额、员工人数等)、技术水平、研发创新能力、所在行业的特征、企业所有制结构、从事出口业务的时间长度以及企业资本中的外商投资或港澳台资本的份额等。

(1) 要素密集度。

围绕着要素密集度差异展开的 H-O 理论是传统国际贸易理论的核心 (Heckscher-Ohlin)。该理论主要认为, 在同等技术条件、两个国家、两种要素以及两种商品的框架下, 一国会倾向于出口密集使用该国丰富要素的那种产品, 并进口密集使用该国稀缺要素的另一种产品。随后, 里昂惕夫在他著名的悖论中 (Leontief, 1953), 测度了美国在 1953 年的贸易中各个行业的资本与劳动力的数量, 分别计算出进口行业和出口行业的资本劳动比 (美元/人数), 结果竟然发现进口部门的资本劳动比显然高于出口部门的, 这与 H-O 理论的预测有显著差异, 因为美国被普遍认为是一个资本密集型的国家, 这引起了后来的很多学者对里昂惕夫悖论提出各种解释。

到现代, 随着发达国家的行业内贸易的兴起, 传统的理论越来越无法合理地解释现状, 这才出现了克鲁格曼经典的新贸易理论 (Krugman, 1979)。他在规模报酬递增和垄断竞争的理论框架下, 成功地推导出了两个相同禀赋国家的企业为了获得较低的平均成本, 拥有扩大海外市场的动力, 从而具备进行行业内贸易的可能性。此外结论还得出了丰富的商品多样性, 因此这一理论为新兴贸易格局提供了一个很好的解释。

直到现在, 与出口相关的实证研究, 仍常常沿袭 H-O 理论的预测结果, 控制要素密集度相关的变量 (Wakelin, 1998; Sheng、Chen 和 Findlay, 2011)。此外, 有一部分研究者, 或者直接对要素密集度影响出口的程度进行检验, 或者研究在某一地区内的国家之间贸易的要素构成及其带来的要素收入格局。

为研究企业的出口倾向与资本劳动比的关系, Forslid 和 Okubo (2011) 就这一问题构建了一个理论模型, 并接着用日本数据做了检验。他们将企业的出口额占销售额的比重同运输成本联系起来，并假定不同企业的运输成本与它们的资本密集程度有关。于是，一方面，由于在运输成本上面所具有的规模经济，资本密集型企业更容易出口；另一方面，相反地，由于运输费用与资本密集度的正向相关关系，资本密集型企业更不容易出口。最后作者运用日本的数据对该模型做的校准结果显示，模型能够解释约一半的现实数据。

鞠建东、林毅夫和王勇（2004）则认为，尽管行业内分工在当今世界普遍存在，但决定贸易的根本原因，还是比较优势理论指出的禀赋与技术的差异。钟昌标（2007）在其运用子行业面板数据对中国电子行业的出口影响因素进行的研究中，以要素成本对要素密集度进行了间接的度量，并测度其对出口的影响。他将样本按照劳动力平均工资分为高低两组，并发现了在劳动力成本具有比较优势（平均工资低）的那一组，外资对于出口的促进作用更强，从侧面佐证了比较优势理论。类似地，韩燕和钱春海（2008）研究 FDI 对工业部门的影响时，将样本按照要素密集度分为：资本密集型、资源密集型和劳动密集型三种，并得出结论，在三个类型行业中，资本密集型行业引用外资对经济增长的益处最大。

在一篇对欧洲内部贸易的要素结构的研究中，Zeddies（2011）发现了行业内贸易与禀赋差异贸易共存的情况，即西欧内部以行业内贸易为主，未发现有贸易往来的国家中存在明显的要素差异；而西欧和东欧之间的贸易格局，则是西欧国家倾向于出口资本或者人力资本密集型产品，而东欧倾向于出口劳动密集型产品。此外，作者强调，东西欧国家相互之间的贸易，可能会导致西欧这些资本密集型国家的稀缺要素利益受损，即那些非人力资本的普通劳动者更容易失业。

（2）生产率与创新。

Li 和 Yu（2009）将贸易、生产率与信贷约束联系起来，构建了理论模型并进行了中国企业数据的实证检验。首先，由于传统的 Melitz（2003）模型仅强调高技术企业，于是作者将信贷约束引入 Melitz 的一般均衡模型，从理论上为信贷约束对企业出口决策的重要性提供了依据。其次，通过对中国工业企业面板数据的实证检验，证实了理论模型的预测，即信贷约束是除了技术之外，另一个影响企业出口的重要因素。

值得一提的是，作者使用了不同以往的估计全要素生产率的方法。他们认为，传统的索洛余量法有一些不足之处，包括：联动性偏误和选择性偏误，前者指当遇到技术冲击时，利润最大化的企业会重新调整其投入要素的决策；而后者指样本中所能观察到的企业，其实是那些因为相对来说技术比较先进而生存下来的企业。

因此，Li 和 Yu（2009）采用 Olley-Pakes（1996）的方法，并沿袭了 Amiti 和 Konings（2007）对于该方法的应用，使用了三步法来估计全要素生产率：第一步，用半参数方法估计劳动力投入和原材料投入的系数，将无法观察到的技术冲击作为投资的反函数，并用四阶多项式来逼近该函数的形式。第二步，在得到劳动力和投入品的系数后，用非线性（二次形式）来估计资本要素的系数，并借此解决联动性的问题。第三步，为解决选择性偏差，先用一个 probit 模型估计出企业能存续到下一期的概率，然后将这一概率的拟合值重新加入反投资函数中，来估计劳动、资本以及中间投入的系数。这一估计结果的真实值与拟合值之间的差，即为 Olley-Pakes 全要素生产率。

企业的创新或者研发对于出口的影响也一直是学者们感兴趣的问题。Hirschand 和 Bijaoui（1985）研究了在 20 世纪 70 年代出口增长非常显著的一个小国家——以色列。他们通过用企业的投资研发费用衡量其创新能力，重点研究了发生创新的一百多个企业的出口行为，并将其与同行业其他未发生创新行为的企业做对比。结论显示，在控制了企业规模以后，创新对出口仍有着非常显著的正向作用。通过对 1988—1990 年的 640 多个印度企业进行分行业的研究，Kumar 和 Siddharthan（1994）发现在技术含量较高或中等的行业，研发投资是一个重要的影响出口量的因素。

Wakelin（1998）的实证文章则对这一问题采用了英国的微观企业数据来研究。他使用的数据库跟踪了 320 家企业在 1988—1992 年这五年间的变化，这些企业的总产出占到了全英国的制造业总产出的一半，既包括有创新活动的企业，也包括没有创新行为的企业，同样的，既有出口型企业，也有内销型企业。

除了数据上的独特之处，在估计方法方面，Wakelin（1998）没有采用传统的tobit模型对出口与非出口企业一视同仁，而是将企业是否出口与出口量大小的选择区分开来，采用probit模型和truncated模型两步法来进行估计，并检验了该估计方法相较于传统方法的合理性。作者最终发现，在同样规模的企业中，非研发型企业比研发型企业选择出口的概率要更高。然而，在研发型企业中，过去的研发项目数量对于企业是否选择出口有正向的推动作用。

然而，一份对中国本土企业进行的研究（刘志彪和张杰，2009）发现，技术创新对企业出口并没有显著影响。作者利用江苏省的342家本土的制造业企业的问卷调查数据，通过计算企业的研发和技术更新投入在总销售额中所占比重，并控制了其他一系列变量对出口进行回归，最终发现技术变量的系数在统计上不显著。作者还谨慎地指出，出现这一结果有可能是因为本土企业在国际竞争中地位比较被动，发达国家企业会想方设法阻止它们的自主核心技术的构建，而非这些本土企业自行选择的最优化策略所致。

（3）外商投资。

在传统的贸易理论中，要素价格均等化定理（Samuelson，1949）指出，在一定条件下，自由贸易能够弥补两个市场或者两个国家要素无法充分流动的缺陷，促成国际范围内的资源优化配置，即两国的要素价格最终趋向于均等化。这一理论暗含了商品流动与要素流动的互补性关系。

然而，在商品流动和资本流动同时存在的现实社会中，研究者们开始关注资本流动能够给一个国家所带来的益处，包括技术溢出、出口增长等。因此，对于外商投资企业是否拥有较高的出口倾向和较强的出口能力这一问题，一直以来引起了许多实证研究者的兴趣，并且其积极作用已经被许多实证结果证实。如通过对日本在1996—2006年间对中国的制造业的直接投资的实证分析，刘向丽（2009）发现了FDI与中日两国制造业的产业内贸易之间存在正向的协整关系。

Sheng、Chen和Findlay（2011）对中国制造业行业2001—

2003 年间的九万多家出口企业和几十万家非出口企业的面板数据进行了研究。他们找出那些有 FDI 的企业，分别计算了它们同行业的出口溢出效应以及它们上下游行业（根据行业的投入产出表计算）的出口溢出，并通过时间序列的计量方法以及 Heckman 两步法解决内生性问题，最终发现了 FDI 企业除了对自身所在行业有正的出口溢出效应外，还对上游行业（如为其提供原材料或中间产品的行业）的出口有促进作用。

采用了电子工业的 41 个子行业在 1999—2002 年间的行业面板数据，钟昌标（2007）研究了中国该行业的 FDI 对于出口的决定作用。作者控制了包括企业规模、资本劳动比、研究开发投入、员工的技能水平以及是否国有企业等一系列变量，通过 Hausman 检验最终选择了随机效应模型做估计，并得出了 FDI 对出口具有显著的正向的作用。

值得一提的是，钟昌标（2007）还将港澳台资本与其他外资区分开来。实证研究结果显示，在对港澳台资本含量进行高低分组以后，港澳台资本含量高的一组的结果是 FDI 变量的系数显著为正，而港澳台资本含量低的一组的结果则是 FDI 变量的系数不显著。这在一定程度上说明了港澳台商人在内地电子行业投资的出口倾向性很强，以及港澳台资本对电子行业出口产生的重要作用。

（4）其他传统因素。

首先是规模。尽管政府一直想要促进中小企业的出口，但是研究者们很早就开始关注企业规模对出口的影响，并且大多数得出了肯定的结论。如 Malzehzadeh 和 Nahavandhi（1985）通过对美国加利福尼亚州的接近 300 个企业进行的研究，发现了规模对出口行为的正向作用。随后，Bonaccorsi（1992）以 8000 多个意大利企业为样本的研究，也得出了大规模的企业有更高的出口倾向的结论。此外，Calof（1994）研究了一个企业的规模对其出口行为所能够产生的影响。他采用了加拿大 14000 多个制造业企业的微观数据，并对出口行为做了三个维度的划分，包括：出口倾向（即出口额占总销售额的比重）、出口目的国家以及企业自身对于出口是否会采取积极的态度。他分别用企业的雇员人数和销售额作为对该企业规模的度量，来分别对定义的出口的三个维度进行解释，都得出了一致性的结论。即企业规模与其出口倾向正相关、与其出口去向的海外市场数量正相关和与其自身对待出口的积极态度正相关。

其次是行业。绝大多数文献在运用微观面板数据做影响出口相关因素的研究时，会把行业作为企业特征之一的控制变量。所以尽管鲜有文献直接将行业特征作为主要研究目标，在条件允许的情况下研究者们对行业变量几乎无一例外的控制，也佐证了其在影响出口中所占据的不可忽视的地位。此外，可以从他们研究的次要结论中，看到一些与行业相关的结论，如在一篇对日本企业投资研发与出口行为的关系研究中，Ito 和 Pucik（1993）发现了那些在技术含量较高和创新行为较多的行业中的企业具有更强的出口能力。

2.2.2　FDI 出口溢出

如果说国际贸易是一种跨国商品流动的话，那么 FDI（国际直接投资）就是一种跨国要素流动，二者属于一个问题的两个方面，素来颇有渊源。Samuelson（1949）在其传统的要素价格均等化定理中指出，在一定条件下，自由贸易能够弥补两个市场或者两个国家要素无法充分流动的缺陷，促成国际范围内的资源优化配置，即两国的要素价格最终趋向于均等化。这早已经隐含了商品流动与要素流动的互补性关系。Mundell（1957）则明确指出了二者的互补关系。他认为，现实世界中，虽然我们既无法实现要素完全自由流动，也无法达成贸易彻底毫无限制的严苛假设，然而，可以从理论上证明，对贸易的限制会加速要素的流动；反之，对要素流动的限制也会加速商品的贸易。

（1）外文文献。

Aitken 等（1997）比较早地探索了 FDI 的出口溢出。通过利用墨西哥制造业 1986—1989 年的行业面板数据，作者研究了外资对东道国企业出口决策的影响。作者估计了外资企业出口的 probit 模型，并以此作为出口信息外部性的代理变量。作者认为与外资企业的接触能够充分拉近东道国企业与海外市场的距离，并为此找到了证据。结论显示，FDI 企业的出口行为确实能够显著地提高与之同行业的东道国企业选择是否出口的概率。

Kokko 等（2001）运用了 1998 年乌拉圭企业的横截面数据来研究该国企业的出口决策。作者对出口导向型行业与进口替代型行业的外资企业进行了区分，发现外资对出口导向型行业有一定促进作用，而对进口替代型行业的作用并不显著。

利用 1992—1996 年英国企业的面板数据，Greenaway 等（2004）研究了企业是否出口的概率和出口比重的影响因素。通过采用 Heckman 样本选择模型，发现了行业内的 FDI 企业的存在确实对企业出口概率和出口比重有正向的影响。结论同时显示，FDI 企业的出口对内资企业选择进行出口的概率有促进作用，但是对内资企业的出口占产出的比重并无显著作用。

Barrios 等（2003）主要研究了 FDI 带来的出口信息外部性和示范效应。通过利用西班牙制造业企业 1990—1998 年的微观面板数据，作者估计了一个 probit 模型来研究企业选择是否出口的决策，发现无论是 FDI 本身还是 FDI 企业的出口都不影响东道国企业选择是否出口的概率。作者随后又估计了一个 tobit 模型来观察影响企业出口比重的因素，结论显示，外资企业的 FDI 本身对东道国企业的出口比重有促进作用，但是 FDI 企业的出口对东道国企业并没有效果。

基于爱尔兰制造业企业 1991—1998 年的微观面板数据，Ruane 和 Sutherland（2005）研究 FDI 的出口溢出效应，来研究 FDI 的存在和出口密集度对东道国企业的出口决策和出口密集度的影响。结果表明，行业内外资企业的存在确实能够帮助东道国企业选择进行出口的决策，但是外资企业的出口密集度却与东道国企业的出口决策和出口密集度呈负相关的关系，即存在一定的挤出效应。

（2）中文文献。

杨全发和陈平（2005）利用中国 1979—2003 年出口贸易的时间序列宏观数据，使用利用外资存量对出口额进行解释的回归方法，控制了一些宏观层面变量，如该年度全世界的总出口额、我国该年的总产值、我国该年的汇率等。基准结果显示，利用外资存量的变量系数为正，且在 5%的水平下显著。控制变量中，全世界的总出口和我国的产值两个变量均显著为正，但是，汇率变量的系数并不显著。随后，作者研究了外资企业的出口额，将左侧的被解释变量换成外资企业的年度总出口金额，这时，利用外资存量的变量系数仍然为正，但是绝对值增加了四倍多，充分说明了外资对于全国出口的促进，主要还是集中在外资企业中，对内资企业的作用相对来说比较小。由于研究所涉及的年份跨度非常大，这一研究的不足，主要是对时间序列数据在平稳性方面欠缺处理。

通过使用浙江省11个地市在1996—2005年的区域面板数据，孙敬水和张蕾（2007）研究FDI对出口的效果是出口替代还是出口创造。作者对面板数据的研究方法，主要是先检验不变系数模型、变截距模型以及变系数模型，然后就检验结果对三种类型的模型进行选择，继而根据适当的模型，使用出口作为被解释变量，对FDI或者FDI的滞后项进行回归。作者选择的是变截距、不变系数的模型，FDI变量的系数大约为0.6，于是作者最后得出的结论是在这11个地区中，FDI对于出口的促进效应约为60%。随后，作者还对浙江的东北地区和西南地区进行了分样本的研究，结果是东北地区的促进效应约为89%，而西南地区的系数约为69%。这一研究暴露的问题是宏观数据的使用以及控制变量的不足，导致估计结果过大，其估计出来的并不是一种外资直接导致出口增长的因果关系（Causality）。分样本回归的系数，两组的结果都比基准回归大出很多，也充分暴露了观测值太少导致的回归结果不稳定的问题。

赵婷和赵伟（2012）采用了中国28个制造业行业在2002—2009年间的数据，对FDI的行业间和行业内的出口溢出行为进行了考察。通过控制行业人均增加值、行业资本劳动比，作者发现，横向溢出和前向溢出的系数不显著或者为负值，只有后向溢出的系数显著为正。而对于控制变量来说，行业人均增加值的系数显著为正，而行业资本劳动比的系数显著为负。随后作者根据OECD关于行业技术水平的分类，对样本进行分组研究，作者发现低技术水平的行业中，FDI的出口溢出效应最强；在高技术水平的行业，FDI的出口溢出效应最弱甚至为负向显著。作者认为这可能与外资对于知识产权的保护一定程度上阻碍了技术扩散有关。

采用中国1997—2003年间的省际面板数据，柴敏（2006）研究了FDI对中国内资企业的出口竞争效应和信息外溢效应。出口竞争效应是用外资企业在东道国国内销售额占内资企业在东道国内销金额的比重来度量的，而信息外部性则是用外资本身的出口行为来度量的。值得一提的是，作者加入了丰富的地区层面控制变量，如地区内企业的总资产用来衡量规模，企业的资本劳动比用来衡量要素禀赋，企业的实际工资用来衡量劳动力成本，企业的专利数和研究开发费用用来衡量技术水平和创新能力，另外还有当地的内资与外资投资环境差异的代理变量，以及基础设施发展状况的变量。作者的实证结果显示，外商投资的出口竞争效应不显著，信息外溢效应显著，也就是说，外资企业自身的出口增长，能够显著地拉动内资企业的出口增长（具体的弹性系数是0.19）。而竞争效应没有显著效果的原因，作者认为可能是内资企业在竞争中吸收和自我提升的能力不足。进而，对在华的外资形式进行了分类研究，发现前面估计出来的信息外溢主要来自于外商独资企业。

王博（2009）通过对中国1983—2006年间的宏观时间序列数据的使用，研究了外商直接投资的出口增长效应。该研究采用的主要控制变量为汇率滞后一年的数值，解释变量FDI也采用了滞后一年的数值，结果显示，FDI每增加一个百分点，能够使后一年的出口增加0.47个百分点。进一步分组研究的结果显示，外商投资对于资本密集型行业的出口促进作用要大于对劳动密集型行业的出口促进作用。

2.2.3 简要评价

目前已有文献存在着一些可以突破的地方：首先，已有外国文献多数是从行业内的角度来进行考察，并未同时将行业内与行业间的出口溢出效应纳入考虑；其次，已有中文文献或采用时间序列数据，或采用区域行业数据，而未从微观企业的角度入手。

因此，本书在第四章中将采用全国工业企业大样本的微观面板数据库，区分内资企业与外资企业的出口，控制企业层面可能会影响出口的变量，并充分解决内生性问题，来研究外商直接投资对我国同行业和上下游企业中的内资企业的出口溢出效应。

2.3 利用外资的环境溢出效应

对 FDI 的环境溢出问题的研究是从国外学者开始的，最初对这个问题的关注较少。但是随着近年来经济发展与环境污染矛盾的逐步激化，环境问题与利用外资开始引起学者尤其国内学者的广泛讨论，理论与实证的研究层出不穷。关于利用外资对区域环境是积极影响还是消极影响，学界尚未达成普遍共识。理论上，支持积极和消极影响的假说同时存在；实证上，不同结论的实证研究也各有侧重。

一方面，有观点指出 FDI 会恶化东道国的环境质量，其中最有影响力的观点是污染避难所假说（Pollution Haven Hypothesis，也有文献称为环境规制效应：Copeland 和 Taylor，1994；Taylor，2004），认为在国际产品流动和国际资本流动的背景下，跨国公司全球布局的策略会倾向于将污染密集型的产业或生产环节配置到环境规制力度相对较低的国家，而这些国家正是那些“向底线赛跑”、降低环境标准积极吸引外资的发展中国家。

另一方面，也有研究认为 FDI 能够改善东道国的环境质量，其作用机制主要有以下几点：第一，收入效应。利用外资会提高东道国的 GDP 与人均收入，从而提高城市居民的环保意识，倒逼政府采取更严厉的环保法规，因此也能在一定程度上提高东道国的总体环境水平（Kearsleyb 和 Riddel，2010）。第二，技术溢出效应。FDI 产生正向的技术外部性，有利于东道国企业提高技术水平、提高能源的利用效率，并降低污染物的排放（Frankel，2003）。第三，直接环境效应。外资企业在国外受到更高环境标准的约束，具有更强的环保倾向，表现在节能生产、新能源使用、先进的排污与污染物处理技术等方面，故能直接提高东道国城市的环境质量（Eskeland 和 Harrison，2003）。

2.3.1 污染避难所假说

倘若从国际经济学的比较优势原理来看污染避难所假说，又可以将其解释为在发展中国家追求招商引资、解决本国就业的同时，跨国公司追求利润最大化的一种选择。也就是说，收入水平越高的国家通常对环境质量的需求偏好也就越高，因而发达国家的环境管制标准会比发展中国家更为严格，使得跨国公司从事污染行业的生产成本更高。如果将环境要素视为一种生产投入要素，那么发展中国家就是环境资源相对丰裕的国家，因此发展中国家在生产资源与污染密集型产品上具有比较优势。于是，跨国公司为了追求成本最小化，会将高污染、高消耗的产业从发达国家向发展中国家转移，从而出现所谓肮脏产业迁移与污染避难所现象。

进而，一部分文献从另一个角度入手，基于政府环境规制的视角来探讨污染避难所假说。这是因为，外商在对我国进行区位选择时，认为环境规制是一个非常重要的因素（傅京燕和李丽莎，2010），也就是说，FDI 的流入对东道国能耗的影响究竟是否遵从“污染避难所”假说，关键在于东道国政府对环境监管的严格程度。环境监管水平不仅会在相当程度上左右当地的产业结构，同时也决定着本国及外国企业会在多大程度上采用更为先进的环保技术，由此直接影响 FDI 在东道国环境保护中扮演的角色。如 Smarzynska 和 Wei（2001）对 24 个东欧国家企业层面的研究发现，东道国环境规制提升并未降低污染密集型 FDI 进入。

尤其对于发展中国家的政府而言，经济增长的压力以及地方政府间的引资竞争会驱使政府将放松环境监管作为吸引 FDI 的筹码。张宇和蒋殿春（2013）通过联立方程组模型进行的实证研究表明，流入不同区域的外资对特定地区环境监管所产生的影响不尽相同，流入本地的外资存量增加会因为其带来的环境污染压力而引起政府规制的强化；而邻近地区的外资存量作为一种潜在的资源更有可能激发政府降低本地环境规制水平的动机。也就是说，周边地区的外资流入会通过弱化本地的环境监管而对本地能耗水平产生一定的负面作用，环境规制效应确实存在。但从总体上来看，外资进入对于中国能耗水平所产生的影响仍是较为积极的。

2.3.2　FDI对环境的技术溢出效应

国际贸易与国际投资的文献对外资的技术溢出效应的探讨已经非常深入，诚如陈六君、王大辉和方福康（2004）所指出的那样，清洁生产技术是减少工业污染的主要动力。传统文献多关注FDI为东道国企业带来的生产技术提升，而对环境质量相关的清洁生产技术、污染治理技术的关注相对较少。

文献认为，FDI的引进有利于治理污染的技术创新（李斌、彭星和陈柱华，2011）。王海宁（2011）估计外资进入对中国36个工业行业环境技术效率的影响，结果发现，外资进入会通过直接渠道和间接渠道总体增加行业环境技术效率，这种影响会随着技术效率的增加而增加。原毅军和谢荣辉（2015）认为FDI虽未能对中国绿色全要素生产率（GTFP）产生直接影响，但FDI可间接地通过驱动政府加强环境规制水平来推动GTFP增长。

然而，消极的结论同时存在。如一项对96个国家的实证研究表明，FDI对发展中国家的环境技术的提升作用并不显著（Perkins和Neumayer，2009）。杨博琼、杨军和赵启然（2013）的理论研究发现由于环境问题的复杂性，仅仅依靠来自于FDI技术外溢作用的环境保护技术进步很可能导致产业结构的污染密集度进一步升高，从而导致更为严重的环境问题。

继而，进一步细化的研究将产业内溢出与产业间溢出分解开来，如Albornoz等（2009）采用企业层面的数据，开创性地研究了环境技术的产业内溢出以及前向溢出和后向溢出作用，发现在外资所有企业之间的水平溢出不显著，而垂直溢出却比较显著；而外资对当地企业的溢出作用并不显著。陈媛媛、包群（2009）从产业链的角度考察了FDI通过水平溢出、前向链接和后向链接三种渠道对环境技术的影响。陈媛媛和李坤望（2010）将总的环境技术分解为清洁生产技术和末端治理技术，并采用了2001—2006年36个工业行业的数据，从产业间的生产链联系分析了外资的进入分别对这两种技术进而对总的环境技术产生何种影响。结论表明，外资进入仅仅从水平联系上提高了末端治理技术，却从水平、前向链接两个渠道提高了清洁生产技术。

2.3.3 FDI 对环境的收入效应、规模效应

外商投资提高了东道国的国内产出水平，通过生产规模的扩大使得东道国污染排放上升，这一影响被称为外商投资的规模效应；另一方面也存在外商投资的收入效应，即外资进入使得东道国居民收入水平上升，而后者正是影响污染边际损害与污染税率的关键因素。收入效应与规模效应对于污染的影响是相反的，因此，对于这两种效应的文献通常会得出收入与污染的非线性关系。

包群、陈媛媛和宋立刚（2010）的研究论证了外资对环境的收入效应：外资在进入初期对东道国居民收入的拉动作用有限，较低的收入水平决定了此时人们对高质量的环境需求相对较小，因而这一阶段外资对东道国环境污染的影响主要体现在规模效应，即产出水平的上升使得东道国污染加剧。当外商投资超过了某一临界值后，人们收入水平的提高使得环境污染的边际损害迅速上升，此时较高的污染税率为环境污染治理带来了较高激励，因而更多的资源将被用于治污方面。因此，类似于环境库兹涅茨曲线(Environmental Kuznets Curve)，结论表明在外商投资与东道国环境污染之间也存在着倒 U 形曲线关系。

通过 2000—2011 年中国 247 个城市 FDI、污染排放及控制变量的面板数据回归分析，杨杰和卢进勇（2014）实证检验了 FDI 对我国污染排放影响是否存在门槛效应。发现 FDI 对环境的影响存在人均收入的门槛效应，即随着人均收入水平的提高，外商直接投资对工业废水排放更具制约性。

2.3.4 FDI 对环境的其他影响

（1）人力资本。

Fu（2008）研究显示，人力资本决定了东道国的吸收能力与技术扩散能力，高人力资本地区易于新技术应用，从而减少环境污染。Lan 和 Kakinaka（2011）认为，对应于高人力资本水平阶段，FDI 与污染排放负相关。而在低人力资本水平时恰恰相反，FDI 与环境污染表现出正的关联性。

研究表明，高人力资本在促进FDI吸收的同时，可遏制环境污染；而低人力资本则不同，其对FDI的引进贡献不明显，而且不利于污染控制（刘渝琳和温怀德，2007）。对应于高人力资本阶段，FDI能够显著抑制污染排放，在低人力资本阶段，FDI则加剧了环境污染（李子豪和刘辉煌，2012）。

卢进勇、杨杰和邵海燕（2014）基于我国249个城市经济与污染排放的数据，通过分位数回归分析，实证研究了外商直接投资、人力资本与环境污染排放的关系。结果表明，人力资本与污染排放负相关，初级劳动投入与污染排放正相关。外商直接投资会导致工业废水排放的增加，对应于引资高级阶段，外商直接投资对工业二氧化硫排放具有制约性。

（2）腐败。

Cole等（2006）认为，当腐败水平较低时，FDI对环境规制的影响主要受“福利效应”控制，FDI进入将提升投资地环境规制水平；而腐败水平较高时，FDI带来的“贿赂效应”的影响将会超过“福利效应”，最终导致当地环境规制下降；国际层面的检验也证实了此种分析。这意味着，当腐败水平较低时，FDI进入将更多地带来环境规制的提升，进而带来环境污染的下降；而一旦当地腐败水平达到较高程度，FDI将带来环境规制的下降，从而导致环境污染的加剧。

以1995—2008年中国29个省级地区和2004年120个地级城市为研究对象，分别用门槛面板回归和截面交叉项估计的方法，李子豪和刘辉煌（2013）实证考察了外商直接投资对环境污染的腐败门槛效应以及地区腐败本身对环境的影响。发现FDI对环境的影响存在显著的腐败门槛效应：当地区腐败水平较低时，FDI改善了当地的环境质量；而当地区腐败水平较高时，FDI则加剧了当地的环境污染。

2.3.5　FDI对环境的综合影响

FDI可以通过上述的环境规制、技术进步、收入增加、人力资本与腐败等多条渠道对东道国的环境产生影响，FDI的影响是多种渠道作用的综合结果（Grossman和Krueger，1991）。

国内外学者对FDI的总体环境效应作了一系列理论研究与实证检验。文献中存在许多积极的结论，如Cole和Elliott（2005）研究了美国的对外投资，发现污染密集的产业通常也是资本密集的，因此这些投资会选址在资本相对密集的国家。Liang（2006）综合考虑了外商直接投资、产业结构以及其他社会经济因素，采用城市级别的数据，研究发现外国直接投资与空气污染之间存在负相关，这表明外国直接投资对环境的整体影响是积极的。利用中国17个行业的数据，郭红燕和韩立岩（2008）综合FDI四种渠道的影响后发现，FDI在一定程度上抑制了工业污染。FDI存量的增加既能够提高能源的利用效率（张贤和周勇，2007），也有利于降低污染物的排放（许和连和邓玉萍，2012；张伟、张晓青和吴学花，2013）。原毅军和谢荣辉（2015）利用1999—2012年珠三角九市面板数据的实证检验显示，单项FDI规模越大、FDI越投向高端制造业部门、FDI出口比重越高、FDI承载技术越先进，就越有利于珠三角的污染减排。

然而，也有一部分的研究结论表明，FDI对我国环境有显著的负效应，如He（2006）对中国29个省区的研究发现，FDI通过规模、结构效应增加了污染，而技术效应则减少了污染，整体上来看，FDI增加了中国的污染。

此外，混合的结论同时存在。通过对外资的来源国家或地区进行区分，Dean、Lovely和Wang（2004）的实证研究发现仅对来源于港澳台地区和亚洲其他发展中国家和地区的外资而言，当地薄弱的环境标准成为吸引外资选址的因素，而对英美日等国的外资则不然。包群、陈媛媛和宋立刚（2010）的理论研究发现FDI与污染之间的曲线关系呈倒U形，即随着外资的增加，环境污染呈现先上升后下降的趋势。朱平芳、张征宇和姜国麟（2011）发现外资的环境效应因地而异，环境“逐底效应”在FDI水平最高的城市间明显弱化，而这种效应在FDI中高水平的城市间最为显著。

2.3.6　简要评价

目前已有文献存在着一些可以突破的地方：首先，已有外国文献多数控制了一些影响环境的因素，但大多数并未将空间自相关可能造成的遗漏偏误纳入考虑；其次，已有中文文献多采用省际面板数据，而未从地级市细分的角度入手；最后，已有中文文献多采用0—1 邻接矩阵来度量空间关联，从而忽略了距离很近但未接壤的地区间的空间关联。

因此本书在第五章中将控制影响污染物排放的其他因素，再充分测度变量的空间自相关性，解决忽略空间关联带来的遗漏偏误问题，来研究外商直接投资对我国各城市的环境溢出效应。

第3章　利用外资的技术溢出效应与企业人力资本

3.1　概述

关于FDI（外商直接投资）技术溢出的传导机制和影响因素方面，文献主要集中研究外资特点①、本土企业的吸收能力、技术差距、研发投入等因素（Javorcik，2004；Zhang等，2010）。对于本土企业对外资技术溢出的吸收能力，文献中主要采用代理变量的方法来进行考察，如用新产品产值做吸收能力的代理变量，而代理变量的使用不当则可能会导致估计结果的不准确。此外，以人力资本为切入点的研究，尤其是以中国企业为背景的研究，在文献中数量非常少。

人力资本影响内资企业吸收FDI技术溢出的能力，有以下几方面的作用机制：首先，内资企业人力资本的受教育程度越高，企业利用人才优势对外资企业进行学习和模仿，以提高其自身的技术水平的能力就越强；其次，内资企业人力资本的受教育程度越高，该企业从事研发与创新活动的能力就越强；最后，拥有高学历员工的内资企业对人才的重视，可以促进其吸收从跨国公司流出的高级人才，从而比同行业的其他企业吸收到更多的跨国公司的先进技术和

---

① 关于外资特点的研究，主要侧重于外资的构成与来源两个方面。外资的构成指部分外资参股、外资控股或外资全部股份的情况。外资的来源则主要指外资的不同来源国，如文献中对我国港澳台地区、日本、美国以及欧洲等来源地的外资的划分。

管理经验。但是，人力资本受教育水平高的企业很可能已经有了较高的技术水平，所以技术的进步空间有限，可能导致企业对 FDI 技术溢出的吸收能力有限。

Blalock 和 Gertler（2009）采用印度尼西亚制造业企业数据来收集员工受教育水平的变量，具体采用 1995—1996 年企业初中以上学历的员工比例来衡量人力资本，在控制其他因素后发现人力资本变量与 FDI 的交互项为正向且显著。Todo 等（2009）对中关村科技园中的合资企业的数据进行了分析，发现了企业人力资本对于技术溢出积极影响的证据，结果显示了有海外教育背景的员工作用最大，其次是本土硕士学位，再次是本土学士学位。然而需要提及的是，作者采用的衡量人力资本的指标是该行业的外资企业所雇用的各个学历员工的比例，而对于采用这一指标所得到的结果，作者解释为行业中的人员素质越高，该行业的信息传递和人员流转效率越高，就越有利于技术溢出向内资企业扩散。然而，这样的做法仅在一定程度上考察了人力资本的客观效果，而并未估计人力资本的主观效果，即内资企业的人力资本会影响其模仿、学习、吸收与转化外资技术溢出的能力，进而会影响对 FDI 技术溢出总体效果的评估。

本章是采用中国的微观面板数据进行的实证分析，具体采用国家统计局的工业企业数据来进行考察，该数据库涵盖了工业行业中所有的国有企业和主营业务收入在 500 万元规模以上的非国有企业，并拥有 2004 年企业员工学历的普查数据，因此能够有效地解决文献中样本量过小、代理变量估计不准确的问题。运用行业内外商投资密度的指标来反映一个行业的外资参与程度，研究了内资企业的人力资本与行业内 FDI 技术溢出的关系。实证结果显示，人力资本与企业吸收外资技术溢出显著相关：内资企业的高学历员工的构成比例越高，增加其同行业的 FDI 为之带来的技术进步效应就越大；反之，低学历员工的构成比例越高，增加其同行业的 FDI，该企业所能吸收到的技术溢出效应就越小。这说明，企业的人力资本水平对吸收技术溢出所产生的积极影响大于消极影响，模仿与学习、研发与创新，以及促进积极的人员流动效应占据了主导地位。

国有企业“抓大放小”的改革方针使我国的国有企业多数分布于市场集中度较高的垄断性行业中，这使得FDI的技术溢出效应有可能与企业的所有制结构相关。因此，本章在回归中进行分样本估计，对国有企业、集体企业、私营企业等所有制性质的影响进行考察，发现国有企业和集体企业的交互项系数并不显著为正，而私营企业的交互项系数估计值仍然显著为正，充分说明尽管国有企业雇用了大量的高学历人才，但这对其吸收技术扩散并未体现出积极影响。此外，参照文献对不同外资来源地的划分，对港澳台地区和外商资本①做了区分，并发现港澳台资本的交互项系数并不显著为正，这就说明了企业的人力资本对于其吸收港澳台外资的技术溢出不具有促进作用。最后，稳健性检验的结论表明，回归结果既不受估计方法的影响，也与内资企业的界定标准无关，具有一定的稳健性。

本章的贡献在于，首先，采用2004—2007年国家统计局的工业企业大样本微观面板数据来进行估计，由于该数据库涵盖的企业产值占全部工业总产值的90%以上，使得本章的估计结果更具普遍性和说服力。其次，本章使用了大样本企业数据构造员工学历指标和FDI密度变量，能够更加准确地反映企业的人力资本与外资在行业中的参与程度。最后，使用分样本估计来考察不同所有制内资企业与不同外资来源国家与地区的区别，并且发现国有企业与私营企业、港澳台地区来源外资与外国来源外资之间的差异。

利用我国的微观企业数据研究企业人力资本与FDI技术溢出的关系具有特殊意义。由于我国近年来招外商引外资的力度较大，外资对国内企业的技术溢出会受什么因素的影响，企业的人力资本会不会成为其吸收技术溢出的助力或障碍，都成为影响内资企业技术进步的关键问题。若仅使用省级样本，或者为人力资本找代理变量，则会造成研究结果的偏差。

本章其余部分的安排如下：第3.2节设定模型、估计方法与提

① 我国政府从国境的角度来对外资进行界定，包括来自港澳台地区和来自其他国家的外资。

出研究假设；第 3.3 节介绍数据以及变量的构造；第 3.4 节报告实证分析结果；第 3.5 节是稳健性检验；最后一节是本章小结。

3.2　模型设定与估计方法

3.2.1　模型设定

FDI 技术溢出的文献通常用对数线性化的柯布—道格拉斯生产函数来估计企业的劳动生产率（Aitken 和 Harrison，1999；Javorcik 和 Spatareanu，2008）。因此，本章延续经典方法，将计量模型设定为：

$$\ln Y_{ijkt} = \beta_K \ln K_{ijkt} + \beta_L \ln L_{ijkt} + \beta_M \ln M_{ijkt} + \delta_1 \mathrm{FDI}_{j,\ t-1} + \delta_2 \mathrm{edu}_{ijk} + \delta_3 \mathrm{FDI}_{j,\ t-1} \times \mathrm{edu}_{ijk} + \beta_z z_{ijkt} + D_t + D_k + D_j + \varepsilon_{ijkt} \quad (3.1)$$

其中，Y_{ijkt}、K_{ijkt}、L_{ijkt}、M_{ijkt}分别为国内企业 i 在年份 t 的产出、资本存量、劳动力和中间投入品。$\mathrm{FDI}_{j,t-1}$衡量了国内企业 i 所在的行业 j 中的外资参与程度，并取滞后一期的数值；edu_{ijk}为企业 i 的人力资本的受教育水平；$\mathrm{FDI}_{j,t-1}\times\mathrm{edu}_{ijk}$为人力资本水平和外资参与程度的交互项。$Z_{ijkt}$、$D_t$、$D_k$、$\varepsilon_{ijkt}$分别是其他企业层面的控制变量、年份虚拟变量、省份虚拟变量和误差项。

虽然从表面上看来，（3.1）式左侧的被解释变量是企业的产出，但从实质上来说，在剔除资本和劳动对产出的解释之后，余量的部分均可视作企业的劳动生产率。进而，可以将回归方程变形如下：

$$\ln Y_{ijkt} - \beta_K \ln K_{ijkt} - \beta_L \ln L_{ijkt} - \beta_M \ln M_{ijkt} = \delta_1 \mathrm{FDI}_{j,\ t-1} + \delta_2 \mathrm{edu}_{ijk} + \delta_3 \mathrm{FDI}_{j,\ t-1} \times \mathrm{edu}_{ijk} + \beta_z z_{ijkt} + D_t + D_k + D_j + \varepsilon_{ijkt} \quad (3.2)$$

即方程（3.2）左侧的被解释变量为企业的劳动生产率。因此，方程（3.1）仅用了一次回归①，就可以将外资的技术溢出情况估计出来，即系数 δ_1、δ_2分别描述了行业中 FDI 的参与程度、企

① 因此方程（3.1）又称为一步法，与方程（3.2）的两步法相对应。

业人力资本的受教育水平对企业劳动生产率的影响，系数 δ_3 则反映了这二者的交互作用。

令左侧 $\ln Y_{ijkt} - \beta_K \ln K_{ijkt} - \beta_L \ln L_{ijkt} - \beta_M \ln M_{ijkt} = \text{TFP}_{ijkt}$，（3.2）式的两侧均对 $\text{FDI}_{j,t-1}$ 求导，得到企业生产率对外资参与程度的偏效应，回归方程变形如下：

$$\frac{\partial\ \text{TFP}_{ijkt}}{\partial\ \text{FDI}_{j,\ t-1}} = \delta_1 + \delta_3 \times \text{edu}_{ijk} \tag{3.3}$$

从（3.3）式中可见，当 $\delta_3>0$ 时，企业自身人力资本的受教育水平越高，增加其同行业的 FDI 为之带来的技术进步效应就越大。

最后，值得一提的是，在稳健性检验中①，采用了基于方程（3.2）的两步法，即先用 Olley 和 Pakes（1996）的方法，基于大样本微观数据，估计出方程（3.2）左侧的全要素生产率（Total Factor Productivity，TFP），继而将全要素生产率作为被解释变量，于是，稳健性检验的模型为：

$$\begin{aligned}\text{TFP}_{ijkt} = {} & \delta_1 \text{FDI}_{j,\ t-1} + \delta_2 \text{edu}_{ijk} + \delta_3 \text{FDI}_{j,\ t-1} \times \text{edu}_{ijk} \\ & + \beta_z z_{ijkt} + D_t + D_k + D_j + \varepsilon_{ijkt}\end{aligned} \tag{3.4}$$

可见，除了将资本、劳动、中间投入三个要素去掉外，（3.4）式右侧的变量与（3.1）式完全一致，所关注的变量依然是 FDI 密集度与人力资本水平的交互项。

3.2.2 估计方法

本章所关注的主要是人力资本水平对 FDI 的交互影响，所以将用员工学历即员工受教育水平作为衡量人力资本的代理变量。而数据上的局限性使得我们只能观察到 2004 年的企业员工学历，同时考虑到在本章研究的时间跨度为四年，时间跨度较小，在此期间企业的人员流动不大，所以假设企业的人员学历不随时间变化。也正是因为员工学历这一重点关注的关键解释变量不随时间的推移而变化，面板数据的固定效应模型无法估计出员工学历变量的系数。故而本章采用面板序列的随机效应（Random Effect）模型与混合最小

① 在 3.5 节稳健性检验的第二部分中。

二乘（Pooled OLS）两种方法进行估计。

尽管数据的局限性导致了本章研究方法的局限性，但是采取了一些措施来纠正可能会产生的内生性偏误：首先，本章对于 FDI 相关变量均采用滞后一期的数值，从而尽可能地降低同时性（Simultaneity）所带来的内生性偏误；其次，本章的估计均控制了一系列可能影响企业技术进步的个体异质性因素，以降低遗漏变量可能带来的内生性偏误；最后，因为当企业面临 FDI 带来的生产率冲击时，生产率和投入要素可能会具有相互影响的同时性，使得传统估计生产率的方式有一定偏误。因此，本章在第 3.5 节的稳健性检验中，采取两步法，即先估计出 Olley-Pakes 全要素生产率（Olley 和 Pakes，1996），继而将全要素生产率作为被解释变量来考察人力资本水平对 FDI 技术溢出的贡献，从而尽可能解决同时性的问题可能带来的估计偏误。

3.2.3　研究假设

研究假设 1：企业的高学历员工的构成比例越高，增加其同行业的 FDI 为之带来的技术进步效应就越大。反之，低学历员工的构成比例越高，增加其同行业的 FDI，该企业所能吸收到的技术溢出效应就越小。

研究假设 2：企业人力资本的受教育水平对 FDI 溢出效应的影响，既与企业的所有制结构有关，也与外资的来源国有关。

3.3　数据

3.3.1　样本选取

本章所使用的数据库是国家统计局调查的企业统计数据（2004—2007 年），该数据库涵盖了全部国有和规模以上（年主营业务收入在 500 万元以上）非国有工业企业，包括采掘业，制造业，电力、燃气及水的生产和供应业，占国内工业总产值的 90%

以上。这些数据由中国国家统计局通过每年对工业企业进行调查收集而成，每个企业数据包括100多个财务变量，如企业的所属行业、所有制结构、实收资本的构成、雇员人数、年总产值、年出口值等变量。

数据仅在2004年是普查数据，囊括的变量和企业数量最多，特别地，包含企业员工受教育水平的变量。因此，为了提取本章重点关注的人力资本变量，将不平衡的面板数据中，2005—2007年的企业对2004年的企业进行了匹配，保留了其中在2004年被观察过的那部分企业，剔除了在2004年没有数据的。表3-1对处理过后的样本相对于样本总体的情况做出了描述。

表3-1　**数据匹配情况**

年　度	匹配企业数	企业总数	匹配比例	行业数
2004	276474	276474	100%	39
2005	229968	271835	84.60%	39
2006	212724	301961	70.45%	39
2007	195929	336768	58.18%	39

注：本表描述了在不平衡的面板数据中，2005—2007年的企业逐年对2004年的企业进行匹配的情况。匹配企业数是指以后年份与2004年的企业名称或者企业代码能够匹配的企业数目；企业总数是指工业企业数据库中的各年的企业数量；匹配比例是指匹配企业数在企业总数中所占的比例；行业数是指以后年份与2004年的企业名称或者企业代码能够匹配的行业数目。

2004—2007年间的样本总观测值数量为1187038个。为排除本章所重点关注的外资变量的内生性，同时考虑到FDI的技术溢出通常有一定的时滞性，因此，与FDI相关的变量均采用了滞后一年的数值。于是，参与实际回归的为2005—2007年样本中的内资企业。

3.3.2　变量构造

（1）被解释变量。

产出的对数（lnY）。选取企业统计数据库中2004—2007年的年度工业总产值数据，并对其使用GDP平减指数进行折现，再取自然对数。为了保证数据的质量和估计结果的准确性，参照已有文献的处理方式，对数据进行以下选取：①剔除未在营业中的企业。②删除不同年份的行业分类发生变化的企业。③删除登记注册类型与实收资本构成两个变量指向的控股方不一致的企业。④剔除异常值，将最早公司成立时间修正为1949年。⑤最后，技术溢出的概念是东道国企业从FDI当中获得的正向技术扩散，所以被研究样本为全国所有的内资企业，本章中将实收资本中的外资含量小于30%界定为内资企业①。

（2）解释变量。

①FDI密集度（FDI Intensity）。根据Javorcik（2004），选取行业内企业的外资含量②占实收资本之比，再被企业产出占行业总产出的比重来加权平均，再取一年的滞后值的指标来衡量行业j内的FDI密集度，计算公式表示为：$Horizontal_{jt} = \left(\sum_{i\in j} ForeignShare_{it-1} \times Y_{it-1}\right) / \left(\sum_{i\in j} Y_{it-1}\right)$，其中$ForeignShare_{it-1}$是企业$i$在时间$t-1$的FDI含量占该企业实收资本的比重，$Y_{it-1}$是企业$i$在时间$t-1$的产出，$\sum_{i\in j} Y_{it-1}$是行业$j$在时间$t-1$的总产出。由构造公式可见，行业内企业的外资含量的增加，抑或是FDI企业的产出的增加，均能使FDI密集度的指标随之增大。

基于中国国民经济行业分类与代码中的二位数行业代码③来对行业进行划分，FDI密集度的数值越大，说明该行业的外资参与程度越高，行业内的内资企业受外资的影响程度越大；反之，FDI密集度的数值越小，说明该行业的外资参与程度越低，行业内的内资企业受外资的影响程度越小。表3-2列出了采用工业企业数据计算

① 在3.5节稳健性检验的第一部分中，再进一步使用纯内资企业的界定方式来考察结果的稳健性。

② 采用中国政府对外资的界定方式，包括外商资本和港澳台资本。

③ 二位数行业的名称与代码见附录1。

出的每年的各二位数行业的 FDI 密集度（因为回归采用的是滞后一年的数值，所以此处汇报的时间区间为 2004—2006 年）。从表中可见，从整体水平上来看，中国利用外资的能力整体上很强，有一半以上的行业外资的参与密集度均达到 20%以上。从时间趋势来看，随着时间推移，多数行业的利用外资水平以比较平稳的速度提高。从行业分布来看，外资参与程度最高的行业，涵盖了一些高科技高资本密集度的行业，例如：通信设备、计算机及其他电子设备制造业、仪器仪表及文化、办公用机械和文教体育用品制造业；外资参与程度比较高的行业，包括纺织品、皮革的制造业、塑料和橡胶制造业、工艺品和家具制造业等劳动密集行业。而外资参与较少的行业，主要是资源密集的行业如煤炭、金属、石油相关行业，及医药、烟草制造业等。从数值上来看，外资利用率较高的文教体育用品制造业、家具制造业和皮革、毛皮、羽毛及其制品业的外资密集度在 2006 年也分别达到 52.95%、41.44%和 41.78%。而外资利用率最高的通信设备、计算机及其他电子设备制造业、仪器仪表及文化、办公用机械制造业在 2006 年的外资密集度分别高达 74.94%和 57.76%。

表 3-2　　各行业的 FDI 密集度（%）

行业 \ 年份	2004	2005	2006
煤炭开采和洗选业	1.02	0.57	0.82
石油和天然气开采业	2.92	2.76	2.46
黑色金属矿采选业	0.99	1.29	0.67
有色金属矿采选业	1.35	0.85	1.48
非金属矿采选业	4.64	5.18	3.56
其他采矿业	0.98	32.00	0.51
农副食品加工业	22.73	20.46	19.87
食品制造业	31.42	29.96	29.50
饮料制造业	26.89	26.91	27.62

续表

行业＼年份	2004	2005	2006
烟草制品业	0. 12	0. 07	0. 08
纺织业	19. 70	19. 54	19. 03
纺织服装、鞋、帽制造业	37. 59	36. 83	36. 31
皮革、毛皮、羽毛（绒）及其制品业	42. 37	42. 71	41. 78
木材加工及木、竹、藤、棕、草制品业	18. 83	16. 45	14. 21
家具制造业	45. 36	43. 20	41. 44
造纸及纸制品业	25. 25	26. 42	25. 96
印刷业和记录媒介的复制	22. 65	23. 44	22. 73
文教体育用品制造业	52. 17	51. 89	52. 95
石油加工、炼焦及核燃料加工业	6. 58	6. 35	6. 47
化学原料及化学制品制造业	20. 52	19. 88	20. 89
医药制造业	17. 29	17. 86	18. 10
化学纤维制造业	15. 41	16. 80	17. 55
橡胶制品业	31. 57	30. 22	30. 89
塑料制品业	35. 04	34. 13	32. 76
非金属矿物制品业	13. 26	12. 79	12. 36
黑色金属冶炼及压延加工业	10. 39	10. 95	12. 00
有色金属冶炼及压延加工业	10. 70	10. 91	11. 59
金属制品业	26. 18	26. 50	25. 31
通用设备制造业	20. 53	20. 24	20. 21
专用设备制造业	20. 23	20. 33	21. 60
交通运输设备制造业	24. 20	22. 23	25. 56
电气机械及器材制造业	31. 84	30. 02	29. 25
通信设备、计算机及其他电子设备制造业	73. 68	76. 33	74. 94
仪器仪表及文化、办公用机械制造业	61. 05	59. 57	57. 76

续表

行业 \ 年份	2004	2005	2006
工艺品及其他制造业	32.21	32.19	32.35
废弃资源和废旧材料回收加工业	28.53	23.33	25.00
电力、热力的生产和供应业	4.71	4.87	3.98
燃气生产和供应业	16.78	18.77	19.87
水的生产和供应业	3.90	4.05	8.71

注：第一列是国民经济行业分类中的二位数代码的行业名称；后面每列分别是各年的FDI密集度，即该行业内的企业的外资含量（包括外国资本与港澳台资本）占实收资本之比，再被企业产出占行业总产出的比重来加权平均后的数值。

②人力资本（Human Capital）。在文献中，衡量企业人力资本的变量，主要有员工受教育水平：学历或是否拥有海外背景，以及员工的职称等。由于考虑到员工的职称与该职工的工作年限有很大关系，相对而言，学历则更能反映一个员工的素质，所以采用企业员工的最后学历作为衡量其人力资本的指标，具体包括：研究生学历（Graduate）、大学本科、专科及以上学历（Undergraduate）、中学及以下学历（High School）。为了使不同企业的员工受教育水平具有可比性，采用各个学历水平的员工数量除以该企业的雇员总人数，得出的比率用来衡量一个企业的人力资本与吸收外资的能力。

（3）控制变量。

行业中FDI企业数量（lnNumber）。为了进一步控制和观察外资活动的影响，参照文献的处理方法（吕世生和张诚，2004），除了上面提到的外资金额比重的变量以外，本章还控制了行业中FDI企业的个数，对其取自然对数，并为了消除内生性和观察滞后效应，再取一年的滞后值。

企业内部FDI比重（Foreign Share）。由于合资企业内部的外资也可能对企业的技术进步产生一定的影响，所以在考察行业内外资的技术溢出效应时，需要将企业内部的外资比重控制住。需要注意的是，根据文献中的通常做法，本章中对于内资企业的界定是纯内资企业和外资含量低于 30%的中外合资企业，因此企业内部 FDI 比重这一变量在 0%—30%的区间中取值。继而，在稳健性检验中，将会进一步使用纯内资企业的界定方式来考察结果的稳健性。

劳动的对数（lnL）。对数线性化的柯布—道格拉斯生产函数中的劳动要素。参照 Aitken 和 Harrison（1999）、Javorcik 和 Spatareanu（2008），以劳动要素的价值进行衡量，采用了应付工资和应付福利费求和，再取自然对数。

资本的对数（lnK）。对数线性化的柯布—道格拉斯生产函数中的资本要素。本章选用的变量为企业的总资产，即企业拥有或控制的全部资产：流动资产、长期投资、固定资产、无形资产等项求和，再取自然对数。

中间投入的对数（lnM）。对数线性化的柯布—道格拉斯生产函数中的中间投入品要素。企业的中间投入取自然对数。

企业成立的时间长度（Age）。即为调查当年的年份减去企业成立年份。并且为了剔除异常值，将最早公司成立时间修正为 1949 年。

年份虚拟变量（Year Dummy）。由于实际参与回归的是三年期的数据，所以为了控制不同年份可能会带来的时间效应，需要引入两个时间虚拟变量。

省份虚拟变量（Province Dummy）。为了控制不同省份企业可能会有的地区效应，需要引入 $N-1$ 个地区虚拟变量。假设企业所在地为某省，则为该省的虚拟变量赋值为 1；否则为 0。

各变量如表 3-3 所示。

表 3-3　**变量说明**

变量类型	变量名称	变量符号	变量说明
被解释变量	产出的对数	$\ln Y$	工业总产值的对数

续表

变量类型	变 量 名 称	变量符号	变 量 说 明
解释变量	FDI 密集度	FDI	滞后一年的行业内企业的外资含量占实收资本之比，再被企业产出占行业总产出的比重来加权平均（两位数行业代码）
	港澳台地区 FDI 密集度	FDI_hmt	滞后一年的行业内企业的港澳台地区 FDI 含量占实收资本之比，再被企业产出占行业总产出的比重来加权平均（两位数行业代码）
	外商 FDI 密集度	FDI_*f*	滞后一年的行业内企业的外商 FDI 含量占实收资本之比，再被企业产出占行业总产出的比重来加权平均（两位数行业代码）
	人力资本： 研究生及以上学历的比重	Graduate	2004 年企业研究生学历人数占该企业从业人数的比例
	本科学历的比重	Undergraduate	2004 年企业大学本科、专科及以上学历人数占该企业从业人数的比例
	中学学历的比重	High School	2004 年企业中学及以下学历人数占该企业从业人数的比例
控制变量	行业中 FDI 企业数量的对数	lnNumber	滞后一年的行业中 FDI 企业数量的对数（两位数行业代码）
	企业内部 FDI 比重	Foreign Share	企业内部实收资本中的外资额占总实收资本的比重
	劳动的对数	ln*L*	应付工资和福利费之和的对数
	资本的对数	ln*K*	总资产的对数

续表

变量类型	变量名称	变量符号	变量说明
控制变量	中间投入的对数	ln$M$	中间投入的对数
	企业成立时间	Age	企业成立的时间长度，为剔除异常值，将最早公司成立时间修正为 1949 年
	2005 年虚拟变量	y2005	如果年份是 2005 年，为 1；否则为 0
	2006 年虚拟变量	y2006	如果年份是 2006 年，为 1；否则为 0

3.3.3　描述性统计

表 3-4 描述了 2004 年样本中的内资企业从业人员的受教育水平的分布情况。为了观察到最细致的各学历员工的比重，基于数据中原始的五种分类分别进行了比重的计算，即研究生学历、本科生学历、专科生学历、高中或中专学历以及初中学历。从总体来看，内资企业中高学历人才的比重较少，其中，本科毕业生占全体雇员数量的比重平均仅为 3.46%，研究生学历的人才比重则更小，平均仅为 0.31%；而初中及高中学历人员占雇员的绝大多数，平均约为 88%（31.94%+56.68%）。

表 3-4　**2004 年内资企业员工受教育水平的比重（%）**

受教育水平	总体		国有企业		集体企业		私营企业	
	均值	标准差	均值	标准差	均值	标准差	均值	标准差
研究生	0.31	1.97	0.38	2.72	0.13	1.02	0.30	1.97
本科生	3.46	8.37	5.13	10.22	2.05	5.19	3.46	8.37
专科生	11.39	16.00	18.71	18.84	8.49	12.49	11.36	16.00
高中生	31.94	22.31	41.85	23.17	30.94	22.86	31.90	22.31

续表

受教育水平	总体		国有企业		集体企业		私营企业	
	均值	标准差	均值	标准差	均值	标准差	均值	标准差
初中生	56.68	28.46	39.44	26.87	60.56	27.47	56.74	28.46

注：参与描述统计分析的为中国内资企业2004年的样本，这里将内资企业定义为FDI（包含港澳台地区和外商投资）的含量低于30%的国内企业。每一行分别是各个学历水平的员工人数占企业员工总数的比重，因此以列相加的总和为100%。前两列为样本总体的描述统计，后六列为各个所有制分样本下的描述统计。企业所有制的界定以实收资本中的控股方为准。

在后六列中，更细致的描述统计对企业的所有制类型进行了划分，试图观察各个不同所有制类型下的企业人力资本特征，以及人力资本与企业所有制类型的关系。结果显示，相对于私营企业和集体企业，国有企业拥有的中高端人才在数量上具有显著优势。具体地，国有企业的平均研究生学历的员工比重为0.38%，略高于私营企业的0.30%，明显高于集体企业的0.13%。而从中端人才即专科及本科学历的平均比例上来看，国有企业为23.8%，私营企业为14.8%，而集体企业的这一数值仅为10.5%。相反地，对于最低学历即初中学历来说，集体企业60.6%的比重最大，略高于私营企业的56.7%，明显高于国有企业的39.4%。

其他主要变量的描述统计呈现在表3-5中。为了排除对极端值的观察，本章将传统最大值和最小值的描述改为对99%和1%分位数的汇报。可以看出，就行业内的外资参与程度而言，不同行业体现出了较大的差距，最少的行业的外资比重不到0.1%，最多的约为62%，平均值为22.9%；同时，拥有的FDI企业数量最少的行业为30家，最多的行业为5250家，平均每个行业有2424家外资企业。就样本中的国内企业特征而言，企业的整体规模比较大，这主要是由本章所采用的数据是对规模以上企业的普查所决定的。企业的产出均值为9268万元，1%分位的企业产出为137万元，而99%分位的企业产出为7.98亿元。除此以外，企业的雇员人数平均值为244人，1%分位值为8人，99%分位值为96人。企业的成立时间平均值为11年，中位数为7年。

表 3-5　　主要变量的描述性统计量

变量名称	均值	标准差	分位数		
			1%	50%	99%
行业 FDI 比重（%）	22.887	12.8645	0.085	20.869	61.996
行业港澳台 FDI 比重（%）	9.948	7.6016	0.048	7.047	39.374
行业外国 FDI 比重（%）	12.777	6.8864	0.0054	12.347	40.915
行业中 FDI 企业数（个）	2423.64	1489.126	30	2394	5250
雇员人数（人）	243.61	52762.17	8	96	2316
企业成立时间（年）	10.8071	10.50319	0	7	53
劳动（千元）	3985.34	38237.55	111.088	1196.05	38750.3
中间投入（千元）	56482.7	483479.2	695.581	14760.2	590115
资本（千元）	71866.1	1063761	1080.12	12213.2	830827
产出（千元）	92686.7	2733225	1372.01	19563.1	797899

注：参与描述统计分析的为中国内资企业 2004—2007 年间的混合样本，这里将内资企业定义为 FDI（包含港澳台和外商直接投资）的含量低于 30% 的国内企业。

3.4 实证结果

3.4.1 人力资本对 FDI 技术溢出的影响

估计人力资本对技术溢出效果的基准回归用了混合 OLS 和随机效应两种方法，结果列于表 3-6。面板数据的随机效应模型的优势在于能充分考虑到同一个企业在不同时间点上的表现，缺点则在于其对于解释变量与误差项不相关的严格假设。相较而言，混合 OLS 的假设条件较为宽松，因此本章的基准回归和分样本回归均采用了两种方法分别进行，并对其结果进行了比较。

表 3-6 **人力资本对 FDI 技术溢出的作用**

	(1) OLS	(2) RE	(3) OLS	(4) RE
FDI×Graduate	0.367**	0.441***		
	(0.187)	(0.158)		
FDI×Undergraduate			0.057***	0.070***
			(0.022)	(0.021)
FDI	-0.011***	-0.033***	-0.033***	-0.061***
	(0.004)	(0.006)	(0.005)	(0.007)
Graduate	0.522***	0.624***		
	(0.081)	(0.060)		
Undergraduate			0.099***	0.131***
			(0.007)	(0.007)
lnNumber	-0.021***	-0.018***	-0.021***	-0.018***
	(0.000)	(0.001)	(0.000)	(0.001)
ln*L*	0.088***	0.094***	0.085***	0.093***
	(0.001)	(0.001)	(0.001)	(0.001)
ln*K*	0.032***	0.042***	0.030***	0.039***
	(0.001)	(0.000)	(0.001)	(0.000)
ln*M*	0.857***	0.804***	0.857***	0.803***
	(0.002)	(0.001)	(0.002)	(0.001)
ln*E*	-0.004***	0.020***	0.001	0.024***
	(0.001)	(0.001)	(0.001)	(0.001)
Foreign Share	0.073***	0.098***	0.062***	0.085***
	(0.009)	(0.013)	(0.009)	(0.013)
Age	-0.002***	-0.003***	-0.002***	-0.003***
	(0.000)	(0.000)	(0.000)	(0.000)

续表

	(1) OLS	(2) RE	(3) OLS	(4) RE
y2005	-0.034***	-0.043***	-0.035***	-0.044***
	(0.001)	(0.001)	(0.001)	(0.001)
y2006	-0.014***	-0.020***	-0.015***	-0.021***
	(0.001)	(0.001)	(0.001)	(0.001)
intercept	1.100***	1.217***	1.104***	1.207***
	(0.021)	(0.010)	(0.021)	(0.010)
观测值	502527	502527	502527	502527
R^2	0.945	0.681	0.945	0.681

注：括号内为异方差稳健标准差；*、**、*** 分别代表 10%、5%、1%的显著性水平；第一列和第三列采用混合 OLS 模型，第二列和第四列采用面板数据随机效应模型；前两列是研究生学历的回归结果，对照组为大学和中学学历；后两列是大学及以上学历的结果，对照组为中学学历；各列回归均控制了省份虚拟变量；混合 OLS 汇报的是调整后的 R^2，面板随机效应模型汇报的是 within R^2。

此外，由于人力资本的特殊性，企业中不同学历的员工不具备可叠加的特性，或者说很难找到一个准确的权重来对不同学历进行累计。同时由于各个学历变量拥有较强的相关性，倘若将它们都加入同一回归，无法得到本章所关注的某个学历变量的准确系数。因此，将员工的学历整合为三类：研究生学历（Graduate）、大学本科、专科及以上学历（Undergraduate）、中学及以下学历（High School），采用 Todo 等（2009）的方法，将各个学历变量、该变量与 FDI 密度的交互项分别加入方程（3.1）来进行估计。表 3-6 中的前两列和后两列分别描述了不同学历雇员的比重对企业吸收技术溢出的贡献，前两列是研究生学历的回归结果，对照组为大学和中学学历；后两列是大学及以上学历的结果，对照组为中学学历。

本章重点关注的是 FDI 密度与人力资本各变量的交互项的系数

符号，混合 OLS 的回归结果见表 3-6 的第一列和第三列。使用的数据样本包括所有 2005—2007 年间正常状态营业的内资企业，剔除掉异常值和变量缺失数据的样本，观察值共计 502527 个。结果显示，尽管 FDI 密度的系数为负值且显著，但是 FDI 密度与人力资本各变量的交互项系数均为正值，在 1%的统计水平下显著。继而发现，研究生学历与 FDI 密度的交互项的系数为 0.367，大学及以上学历与 FDI 密度的交互项的系数为 0.057，说明相对对照组而言，研究生人才对内资企业吸收 FDI 技术溢出的贡献比大学生及以上人才的贡献更大。这一研究结果充分说明了企业的人力资本对于其吸收技术溢出有着促进的作用，企业的高学历员工（大学学历及以上）的构成比例越高，增加其同行业的 FDI 为之带来的技术进步效应就越大，反之，低学历员工（高中、中专或初中学历）的构成比例越高，增加其同行业的 FDI，该企业所能吸收到的技术溢出效应就越小。这一结果不仅验证了研究假设 1，而且与 Blalock 和 Gertler（2009）的发现相一致。

控制变量中，劳动力要素（ln$L$）的符号为正，在 1%的统计水平下显著，系数约为 0.088。资本要素（ln$K$）的符号为正，在 1%的统计水平下显著，系数约为 0.032。中间投入要素（ln$M$）的符号为正，在 1%的统计水平下显著，系数约为 0.857。这三种要素的估计系数之和略微小于 1，体现了规模报酬递减的生产函数的特征。滞后一年的行业内 FDI 企业数量（lnNumber）的系数符号为负且显著，与 FDI 密度的系数符号相一致。企业内部 FDI 比重（Foreign Share）的系数为正向显著，说明内资控股但是有外资参与的企业的技术进步效应要大于纯内资企业；而且这类型企业的外资含量越高，生产率的提升就越大。企业成立时间长度（Age）在 1%的显著性水平上显著为负①，说明在其他条

① 文献中对于企业年龄对技术溢出的影响有一定争议。一方面认为，年代越久远的企业与行业内的外企的关联越多，从外企中吸取技术的可能性越大；另一方面则认为，新企业相比老企业来讲，拥有更强的创新意愿和创新能力。

件不变的情况下，越老的企业的技术水平越低。时间虚拟变量的系数显著为负，且 y2005 的系数小于 y2006，说明从样本的时间区间 2005—2007 年看，企业的全要素生产率的水平逐年有所提高。最后，混合 OLS 回归的拟合优度为 94.5%，可见我们构造的调整后的柯布—道格拉斯生产函数对全要素生产率的估计和预测有着比较好的效果。

面板数据随机效应的回归结果在表 3-6 的第二列和第四列中汇报。可以看出，随机效应模型的回归结果虽然在系数大小上与混合 OLS 不尽相同，但在方向和显著性上大体一致。尽管 FDI 密度与人力资本变量的交互项的系数在数值整体上都有所增大，如使用混合 OLS 时，研究生学历×FDI 的系数为 0.367，而在使用随机效应模型时，研究生学历×FDI 的系数为 0.441；使用混合 OLS 时，大学及以上学历×FDI 的系数为 0.057，而在使用随机效应模型时，大学及以上学历×FDI 的系数为 0.070。其余的解释变量与控制变量的系数方向与显著性程度也均为一致，充分说明了实证研究结论对于不同的计量方法有一定的稳健性。

3.4.2　所有制结构、人力资本与 FDI 技术溢出

不同类型所有制企业有不同的特征，因此，本小节将进一步细化研究，区分企业的所有制结构，采用分组回归的研究方法，来考察企业人力资本对吸收技术溢出的影响。考虑到国有企业和集体企业的性质相似，根据文献的惯用做法，我们将国有企业和集体企业放在一起来考察。研究结果列于表 3-7 中，为了节省篇幅，仅汇报用混合 OLS 方法得出的回归结果①。表中可见，私营企业参与回归的观测值数量为 426489 个，国有企业与集体企业的样本为 76038 个。

---

① 使用随机效应模型得出的结果，比 Pooled OLS 的结果在数值上略微偏大，正负和统计显著性上基本一致。

表 3-7 **不同所有制结构下的 FDI 技术溢出：混合 OLS**

	国有企业与集体企业		私营企业	
	(1)	(2)	(3)	(4)
FDI×Graduate	-0.342		0.447**	
	(0.498)		(0.203)	
FDI×Undergraduate		-0.062		0.051**
		(0.058)		(0.024)
FDI	-0.055***	-0.052**	-0.003	-0.025***
	(0.017)	(0.021)	(0.004)	(0.005)
Graduate	0.706***		0.485***	
	(0.208)		(0.089)	
Undergraduate		0.097***		0.106***
		(0.019)		(0.008)
lnNumber	-0.019***	-0.019***	-0.020***	-0.020***
	(0.002)	(0.002)	(0.001)	(0.001)
ln*L*	0.130***	0.127***	0.080***	0.078***
	(0.005)	(0.005)	(0.001)	(0.001)
ln*K*	0.029***	0.027***	0.031***	0.029***
	(0.002)	(0.002)	(0.001)	(0.001)
ln*M*	0.821***	0.822***	0.865***	0.864***
	(0.005)	(0.005)	(0.002)	(0.002)
ln*E*	0.004	0.009	-0.005***	0.000
	(0.005)	(0.006)	(0.001)	(0.001)
Foreign Share	0.025	0.021	0.084***	0.071***
	(0.027)	(0.027)	(0.010)	(0.010)
Age	-0.003***	-0.003***	-0.001***	-0.001***
	(0.000)	(0.000)	(0.000)	(0.000)

续表

	国有企业与集体企业		私营企业	
	(1)	(2)	(3)	(4)
y2005	−0. 059***	−0. 059***	−0. 027***	−0. 028***
	(0. 004)	(0. 004)	(0. 001)	(0. 001)
y2006	−0. 038***	−0. 039***	−0. 010***	−0. 010***
	(0. 004)	(0. 004)	(0. 001)	(0. 001)
观测值	76038	76038	426489	426489
AdjustR^2	0. 945	0. 945	0. 945	0. 946

注：括号内为异方差稳健标准差；*、**、*** 分别代表 10%、5%、1%的显著性水平；回归均采用混合 OLS 模型；前两列是国有企业和集体企业的样本，后两列是私营企业的样本；第一列和第三列是研究生学历的回归结果，对照组为大学和中学学历；第二列和第四列是大学及以上学历的结果，对照组为中学学历；各列回归均控制了省份虚拟变量，包含截距项。

表 3-7 清晰地反映出，无论从系数大小还是显著性水平上，私营企业的回归结果与全样本回归的结果都基本一致，研究生学历与 FDI 密度的交互项系数为 0. 447 且在 5%的水平下显著，大学及以上学历的交互项系数为 0. 051 且在 5%的水平下显著。然而，就国有企业和集体企业的样本而言，无论是研究生学历变量，还是大学以上学历变量，人力资本与 FDI 密度的交互项系数均为负值且并不显著。

这充分说明，只有私营企业才能从其高学历员工中获得促进 FDI 溢出的效应，而国有企业和集体企业的人力资本对于企业吸收 FDI 技术溢出没有贡献。出现这样的结果的原因可能有三个：首先，国有企业和集体企业的公司治理、内在激励等特征，不能够使其人力资本充分发挥作用，从而对同行业外资企业的技术进行模仿、学习、吸收的能力不足；其次，由于国有企业和集体企业的人员流动性不如私营企业强，故而对外资企业流出的人才的利用率和吸收率不高，也会间接影响到对外资先进技术和管理经验的吸收；最后，因为国有企业和集体企业对于员工在职培训的重视度不高，其普通员工和管理人员进入外资企业进行培训的机会相对较少，所以得到先进技术和管理经验的机会也相对较少。

3.4.3 外资来源地、人力资本与FDI技术溢出

现有文献表明，外资来源的地区或国家可能会对FDI技术外溢产生影响。Hu和Jefferson（2002）发现相较于OECE来源的外资，港澳台外资并没有显著的技术溢出效应。Todo等（2009）对中关村科技园的高科技企业的分析结果表明，相比来自日本的外资，来自美国的外资的横向技术溢出效应更大。因此，考虑到不同的外资来源地使得FDI企业具有不同的特征，这可能会影响到FDI技术扩散的效果，并参照文献（Hu和Jefferson，2002；王志鹏和李子奈2003；钟昌标，2007）的做法，本小节将进一步细化研究，将外资的来源地分为港澳台地区的外资和外国的外资，来考察企业人力资本对吸收技术溢出的影响。

具体地，对FDI密集度和行业中FDI企业数量分别重新进行计算和考量，保持样本和其他控制变量不变，对方程（3.1）重新进行了估计。为了节省篇幅，仅汇报用混合OLS方法得出的回归结果①，结果列于表3-8中。后两列是港澳台外资的技术溢出效果，前两列是其他国家外资。

表3-8 **不同外资来源国的FDI技术溢出：混合OLS**

	外商资本		港澳台资本	
	(1)	(2)	(3)	(4)
FDI×Graduate	0.500**		0.887	
	(0.250)		(0.631)	
FDI×Undergraduate		0.099***		0.053
		(0.029)		(0.065)

① 使用随机效应模型得出的结果，比Pooled OLS的结果在数值上略微偏大，在符合和统计显著性上基本一致。

续表

	外商资本		港澳台资本	
	(1)	(2)	(3)	(4)
FDI	-0.040***	-0.082***	-0.145***	-0.148***
	(0.006)	(0.006)	(0.009)	(0.010)
Graduate	0.526***		0.535***	
	(0.076)		(0.085)	
Undergraduate		0.097***		0.103***
		(0.007)		(0.008)
lnNumber	-0.017***	-0.017***	-0.018***	-0.018***
	(0.001)	(0.001)	(0.001)	(0.000)
ln*L*	0.088***	0.086***	0.088***	0.086***
	(0.001)	(0.001)	(0.001)	(0.001)
ln*K*	0.032***	0.030***	0.032***	0.030***
	(0.001)	(0.001)	(0.001)	(0.001)
ln*M*	0.857***	0.857***	0.857***	0.857***
	(0.002)	(0.002)	(0.002)	(0.002)
ln*E*	-0.005***	0.000	-0.003***	0.001
	(0.001)	(0.001)	(0.001)	(0.001)
Foreign Share	0.069***	0.058***	0.075***	0.062***
	(0.009)	(0.009)	(0.009)	(0.009)
Age	-0.002***	-0.002***	-0.002***	-0.002***
	(0.000)	(0.000)	(0.000)	(0.000)
y2005	-0.031***	-0.032***	-0.029***	-0.031***
	(0.001)	(0.001)	(0.001)	(0.001)
y2006	-0.012***	-0.013***	-0.011***	-0.012***
	(0.001)	(0.001)	(0.001)	(0.001)

续表

	外商资本		港澳台资本	
	(1)	(2)	(3)	(4)
观测值	502152	502152	501516	501516
AdjustR^2	0.945	0.945	0.945	0.945

注：括号内为异方差稳健标准差；*、**、*** 分别代表10%、5%、1%的显著性水平；回归均采用混合OLS模型；关于对外资的界定，前两列是外商资本，后两列是港澳台资本；第一列和第三列是研究生学历的回归结果，对照组为大学和中学学历；第二列和第四列是大学及以上学历的结果，对照组为中学学历；各列回归均控制了省份虚拟变量，包含截距项。

从表3-8中可见，前两列的交互项系数显著为正，研究生学历与FDI密度的交互项系数为0.500且在5%的水平下显著，大学及以上学历的交互项系数为0.099且在1%的水平下显著。然而，后两列的交互项系数在10%的水平下仍然都不显著。这说明内资企业大学以上的人力资本显著影响其吸收其他国家外资的技术溢出，但是对港澳台地区来源的外资则没有显著影响。此外，交互项的系数随着学历由高到低而递减，即相对于控制组而言，研究生学历的人才对企业吸收技术溢出的贡献要比大学及以上学历人才的贡献大，这一发现也与基准回归相一致。

本小节中，实证研究的结果与Hu和Jefferson（2002）的发现相一致。内资企业的人力资本对于吸收港澳台外资技术溢出并无显著的贡献，这可能是因为港澳台的外资企业主要集中在一些加工工业，这些行业普遍具有劳动力密集并且技术水平不高的特点。

3.5 稳健性检验

3.5.1 内资企业的界定

本章中，前文所使用的样本是外资含量低于30%的企业样本。

然而，文献中认为，一方面，有 FDI 参与①的中外合资企业与外资的沟通要更为密切，从外资中获得技术扩散的可能性更大；另一方面，中外合资企业则有可能受制于外资方的发展战略（柴敏，2006），进而受到一定程度的竞争和挤出效应。基于此种考虑，这里我们在回归中采用纯内资企业为样本进行稳健性检验，同前文一样采用混合 OLS 和面板数据随机效应模型进行估计。变量企业内部的外资比例（Foreign Share）均为 0，因此去掉该变量，其余的控制变量均与基准回归相一致。具体的回归结果见表 3-9。

表 3-9　**稳健性检验：纯内资企业**

	(1) OLS	(2) RE	(3) OLS	(4) RE
FDI×Graduate	0.400**	0.477***		
	(0.195)	(0.163)		
FDI×Undergraduate			0.065***	0.076***
			(0.022)	(0.022)
FDI	-0.010**	-0.031***	-0.033***	-0.060***
	(0.004)	(0.006)	(0.005)	(0.007)
Graduate	0.523***	0.619***		
	(0.083)	(0.061)		
Undergraduate			0.097***	0.128***
			(0.008)	(0.007)
lnNumber	-0.021***	-0.018***	-0.021***	-0.017***
	(0.001)	(0.001)	(0.001)	(0.001)
ln*L*	0.087***	0.094***	0.085***	0.092***
	(0.001)	(0.001)	(0.001)	(0.001)

① 这里主要指外资参与但不控股的情况。

续表

	(1) OLS	(2) RE	(3) OLS	(4) RE
lnK	0.031***	0.041***	0.029***	0.039***
	(0.001)	(0.000)	(0.001)	(0.000)
lnM	0.857***	0.803***	0.857***	0.803***
	(0.002)	(0.001)	(0.002)	(0.001)
lnE	-0.003***	0.021***	0.002	0.024***
	(0.001)	(0.001)	(0.001)	(0.001)
Age	-0.002***	-0.003***	-0.002***	-0.003***
	(0.000)	(0.000)	(0.000)	(0.000)
y2005	-0.035***	-0.044***	-0.036***	-0.045***
	(0.001)	(0.001)	(0.001)	(0.001)
y2006	-0.015***	-0.021***	-0.016***	-0.021***
	(0.001)	(0.001)	(0.001)	(0.001)
观测值	484962	484962	484962	484962
R^2	0.943	0.680	0.944	0.680

注：参与回归的为完全不含外资的企业；括号内为异方差稳健标准差；*、**、***分别代表10%、5%、1%的显著性水平；第一列和第三列采用混合OLS模型，第二列和第四列采用面板数据随机效应模型；前两列是研究生学历的回归结果，对照组为大学和中学学历；后两列是大学及以上学历的结果，对照组为中学学历；各列回归均控制了省份虚拟变量，包含截距项；混合OLS汇报的是调整后的R^2，面板随机效应模型汇报的是within R^2。

在表3-9中，纯内资企业的观测值总数为484962个。可以看出，各列的结果都与基准回归高度一致。FDI密度与人力资本的交互项系数均为正值，在1%的统计水平下显著。而且结果显示，无论是研究生学历还是大学及以上学历，学历与FDI的交互项系数均比基准回归的略大，如第一列研究生学历与FDI密度的交互项的系数为 0.400，对比与基准回归的交互项系数 0.367，充分说明在控制了企业内部 FDI 比重以后，基准回归并未高估人力资本吸收 FDI 的能力。其余各列的回归结果也与基准回归高度一致，相对于控制组而言，研究生学历人才对企业吸收 FDI 的贡献要大于大学及以上学历人才。此外，面板数据方法得出的交互项系数依然要比混合 OLS 略大。稳健性检验结果充分说明，本章的回归结果不受内资企业界定标准的影响，因而对不同的样本选取标准具有一定的稳健性。

3.5.2　生产率的估计

本章中，前文所使用的的回归方法是一步法，即使用方程（3.1）的对数线性化的 C-D 生产函数。考虑到有文献是采用两步法，即直接求出全要素生产率来作被解释变量，故而，参照文献进行了第二种稳健性检验：第一步，计算全要素生产率（TFP）；第二步，将 TFP 作为被解释变量，考察人力资本水平对 FDI 所带来的生产率进步的贡献。这样做的好处是可以更准确地估计生产率。弱点是在计算 TFP 时所损失的样本。具体的回归方程为：

$$\begin{aligned}\mathrm{TFP}_{ijkt} = {} & \delta_1 \mathrm{FDI}_{j,\ t-1} + \delta_2 \mathrm{edu}_{ijk} + \delta_3 \mathrm{FDI}_{j,\ t-1} \times \mathrm{edu}_{ijk} \\ & + \beta_z z_{ijkt} + D_t + D_k + D_j + \varepsilon_{ijkt}\end{aligned} \tag{3.4}$$

可见，除了将资本、劳动、中间投入三个生产要素去掉外，（3.4）式右侧的变量与（3.1）式完全一致。所以所关注的变量依然是 FDI 密集度与人力资本水平的交互项。

值得一提的是，这里是基于 Olley-Pakes 的方法（Olley 和 Pakes，1996）来计算全要素生产率（TFP）。由于传统的 TFP 计算方法会造成同时性（Simultaneity）和选择性偏误。具体地，同时性是指利润最大化的企业会根据生产率冲击来选择其要素的投入，因此在回归中，不仅仅是产出和要素投入决定着生产率，生产率也会反过来同时地影响着产出和要素投入，而由于不可观测的生产率冲击很可能是随时间变化的，固定效应同样无法将这种关系准确估计出来，由此便会产生偏误。选择性偏误则是因为高资本存量的企业即便是面对负向的生产率冲击，相较于低资本存量的企业更有可能生存下来，于是造成企业选择退出该行业的概率与其资本存量呈负相关，使得资本变量的系数在估计中会被低估。

Olley-Pakes 的方法解决同时性的问题，是通过采用投资来代理变量来间接观察作为不可观测的生产率冲击；同时，他们通过企业生存概率的引入来解决选择性偏误的问题，因此这样计算的全要素生产率更为可靠。具体的做法是，以投资为代理变量，同时考虑企业在市场中的进入和退出，分行业①逐一估计出生产函数，再根据生产函数对每个企业进行 TFP 的预测，最后对 TFP 取自然对数。

表 3-10 **稳健性检验：两步法**

	(1) OLS	(2) RE	(3) OLS	(4) RE
FDI×Graduate	0.821***	0.883***		
	(0.201)	(0.164)		
FDI×Undergraduate			0.093***	0.083***
			(0.025)	(0.023)
FDI	0.145**	0.089*	0.134*	0.081
	(0.069)	(0.054)	(0.069)	(0.054)
Graduate	0.408***	0.374***		
	(0.077)	(0.061)		
Undergraduate			0.108***	0.109***
			(0.008)	(0.008)
lnNumber	0.012	0.009	0.013	0.009
	(0.019)	(0.014)	(0.019)	(0.014)
ln*E*	-0.010***	-0.012***	-0.010***	-0.012***
	(0.001)	(0.001)	(0.001)	(0.001)

① 这里假设同一行业内的不同企业具有相同的生产函数。行业的分类以行业分类准则中的二位数行业代码为准，行业代码列于附录 1 中。

续表

	(1) OLS	(2) RE	(3) OLS	(4) RE
Foreign Share	0.058***	0.058***	0.037***	0.040***
	(0.011)	(0.013)	(0.011)	(0.013)
Age	-0.000***	-0.000***	-0.000***	-0.000***
	(0.000)	(0.000)	(0.000)	(0.000)
y2005	-0.046***	-0.041***	-0.046***	-0.041***
	(0.001)	(0.001)	(0.001)	(0.001)
y2006	-0.020***	-0.017***	-0.020***	-0.017***
	(0.002)	(0.001)	(0.002)	(0.001)
观测值	430068	430068	430068	430068
R^2	0.490	0.026	0.491	0.026

注：被解释变量为企业 TFP 的对数。括号内为异方差稳健标准差；*、**、*** 分别代表 10%、5%、1%的显著性水平；第一列和第三列采用混合 OLS 模型，第二列和第四列采用面板数据随机效应模型；前两列是研究生学历的回归结果，对照组为大学和中学学历；后两列是大学及以上学历的结果，对照组为中学学历；各列回归均控制了省份虚拟变量，包含截距项；混合 OLS 汇报的是调整后的 R^2，面板随机效应模型汇报的是 within R^2。

具体的回归结果列于表 3-10。由于计算 TFP 对样本量有一定的损失，观测值总数减少为 430068 个。可以看出，FDI 密度与人力资本水平的交互项系数在方向上与基准回归保持一致，即交互项系数均为正值且在 1%的统计水平下显著。而且研究发现，无论是研究生学历还是大学及以上学历，学历与 FDI 的交互项系数均比基准回归有所增大，如第一列研究生学历与 FDI 密度的交互项的系数为 0.821，对比与基准回归的交互项系数 0.367。其余各列的回归结果也与基准回归在方向上保持一致，相对于控制组而言，研究生学历人才对企业吸收 FDI 的贡献要大于大学及以上学历人才。此外，面板数据方法得出的交互项系数依然要比混合 OLS 略大。结果表明，本章的回归结果不受估计方法究竟是一步法回归还是两步法回归的影响，对于不同的估计方法具有一定的稳健性。

3.6 本章小结

本章研究了企业的人力资本水平是否能够对其吸收行业内 FDI 技术溢出产生积极影响，以及企业的所有制结构和外资的来源是否跟这种效应的大小有关。本章使用行业的 FDI 密集度来度量行业的外资参与程度，以及各个学历的企业员工比例来衡量企业的人力资本和吸收外资技术溢出的能力。实证研究的结果表明，企业的高学历员工的构成比例越高，增加其同行业的 FDI 为之带来的技术进步效应就越大。而关于企业的所有制结构和外资的来源的分别研究，发现私营企业相较于国有企业、外商投资相较于港澳台投资来说，企业的人力资本对 FDI 技术溢出均有更强的促进作用。稳健性检验的结果则进一步支持了本章的结论。本章的研究结论具有很强的现实意义，因此，鉴于本章得出的研究结论，我们提出一些思考与建议。

首先，国内企业应该充分利用自身的人力资本优势，加强对外资企业的学习和模仿，以及提高其自身的研发和创新能力。人力资本建设是一项艰巨而长期的工程，应加大教育科技、R&D 投入，正确处理人才资本积累和吸收外资的关系。内资企业要注重人力资本积累，加强人力资本的投资力度，适度提高先进人才的待遇，对特别缺乏的高层次人才，可以通过产学研的模式联合培养，鼓励高层次人才学习深造；积极吸引海归人才和国外专家。高技术产业人力资本积累也要求转变高等教育培养模式，注重培养人的学习能力和创新能力，提高教育投资利用效率。同时，在保持对东部地区人力资本持续投资的基础上，加大对中西部地区的人力资本投资。政府在高技术企业人力资本投资方面可通过提供适度补贴和融资便利等措施鼓励其进行人力资本投资。

其次，内资企业应当加强与外资企业在人才和信息方面的互动，主动吸收外资企业优秀的技术、人才和管理经验。鼓励内资企业的高级技术与管理人才前往外资企业甚至外资企业的母国深造，积极进行交流学习，努力缩小差距，提高对外资技术溢出的吸收能力。鼓励内资企业加大力度进行人力资本投资，以高薪聘请外资企业流出的高级人才，借以提高对外企先进技术的吸收率。

最后，东道国吸收技术溢出效率的高低取决于其自身知识存量和吸收能力，因此，为了有效发挥技术外溢效应，各省区应在外资引进和吸收能力建设方面采取配套措施。推动内资企业的技术引进、吸收与再创新，努力缩小其与外资企业的技术差距，提高其自身知识存量以及对新知识的吸收能力。只有那些拥有大量知识存量、具备一定吸收能力的东道国，才能将外部知识转化为自身可应用的知识。

总之，我国在引资过程中，应当注意选取有利于本国企业技术进步的外资，而且同时要注重本国企业的消化吸收。只有将扩大招商引资与提高内资企业的吸收能力结合起来，提高内资企业的整体技术水平和研发能力，才能真正使我国在长期的时间路径中，在真正意义上从吸引外资中获益。

相对于已有文献，从企业人力资本水平的视角考察内资企业对 FDI 技术溢出的吸收，并对全国企业的微观数据进行研究是一个巨大的突破。然而，目前这个研究方向的研究结果大多是实证性的，而且影响因素很多也很分散，缺乏明确统一的理论框架来系统地解释企业吸收能力对 FDI 技术溢出的影响。通过构建微观动态一般均衡模型，将企业当期与未来、产品市场与要素市场的行为纳入统一的分析框架中，系统地研究企业在提高自身技术时面临的主动地选择和被动地接受，得出适合企业发展的最优路径，为现有的多角度的实证发现建立理论基础，这也可以作为未来的研究方向。

第4章 利用外资的出口溢出效应

4.1 概述

鉴于对外贸易在中国经济中的重要地位，以及中国利用外资强度的逐渐提升，研究究竟什么能够促进出口，外商直接投资（FDI）的进入对中国企业的出口行为是否有影响，具有现实和理论的双重意义。以中国为背景的研究绝大多数利用在行业或地区的出口总量与利用外资总量数据而得出结论，但是在企业层面，外资是否能影响到单个企业的出口行为，成为一个值得考察的问题。在国外文献中，关于FDI溢出的研究也主要集中在技术溢出方面①，对FDI的出口溢出效应的关注同样比较少。

FDI促进企业出口的作用机制可能有以下几点：首先，外资企业会辐射正向的技术溢出，有利于东道国企业提高其自身的技术水平，从而在出口市场上更具有竞争力②；其次，外资企业本身有更高的出口倾向，并可以通过购买中间产品和提供原材料，提高其上游和下游的内资企业的国际化程度，包括生产能力、产品标准等，进而提高行业间内资企业的出口倾向；最后，外资企业有更强的海外背景和海外关系，有助于为本土企业建立与海外的商业联系，如

---

① Aitken和Harrison（1999）、Spencer（2008）、Altomonte和Pennings（2009）等大量文献都研究了FDI技术溢出的问题。

② Melitz（2003）的经典文献认为，那些生产率较高的国内企业更倾向于选择出口。

商业平台的构建或者其他信息的流转①，因此也能在一定意义上降低本土企业的出口成本。然而，不可忽视的是可能存在的消极影响，与此同时，外资企业本身的出口可能会对本土出口企业形成竞争的压力，对出口产生一定的挤出效应，于是也有可能导致企业从 FDI 中获得的出口增长并不明显。

图 4-1 所示为中国出口总额和实际利用外商直接外资额②的变动情况，两者呈现明显的同向变动趋势，在一定程度上反映了 FDI 可能会对促进出口增长所起到的作用。Ruane 和 Sutherland（2005）对爱尔兰制造业企业的研究发现，行业内外资企业的存在确实能够帮助东道国企业选择进行出口的决策，但是外资企业的出口倾向却与东道国企业的出口决策和出口密集度呈负相关，即存在一定的挤出效应。

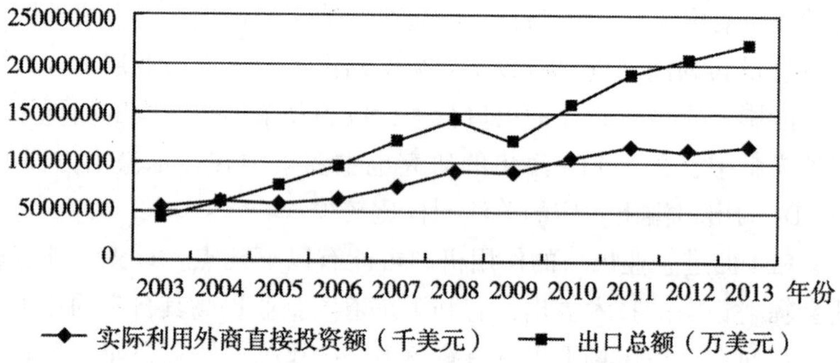

图 4-1　中国实际利用外资额和出口总额的变动情况

本章重点采用中国的微观面板数据进行实证分析，具体采用国家统计局的工业企业数据来进行考察，该数据库涵盖了工业行业中所有的国有企业和主营业务收入在 500 万元规模以上的非国有企

① Aitken 等（1997）称之为信息的外部性（Informational Externality）。

② 实际使用外资额包括外商直接投资（FDI）和外商其他投资，其中外商直接投资占实际使用外资额的比重为 95%以上。数据来源：《中国统计年鉴（2013）》和国家统计局网站。

业，同时采用行业内和行业间FDI溢出的指标来度量外资的影响，研究FDI对出口的水平、前向和后向溢出。实证结果表明，外资在横向和纵向均有显著的出口溢出效应。这说明，利用外资对于促进出口的益处是多方面的，外资不仅能对本行业的内资企业产生积极的出口促进效应，而且还能通过产业间的纵向联系，与其上下游行业进行充分的信息和技术方面的沟通，对其他行业也能够发挥出正向的溢出效应。

国有企业“抓大放小”的改革方针使我国的国有企业多数分布于市场集中度较高的垄断性行业中，这使得FDI的出口溢出效应可能会与内资企业的所有制结构相关。因此，进而在回归中进行分样本估计，对内资企业是国有或私营等所有制性质的影响进行考察，发现在进行样本自选择纠正后，国有企业FDI指标的系数并不显著为正，而私营企业的FDI系数估计值仍然显著为正，充分说明国有企业对FDI的出口溢出的吸收能力有限。此外，参照文献对外资企业是否出口进行的划分，将外资企业分为出口型与非出口型两种，结果并未发现哪种外资的溢出效应总体上更为明显，这就说明了外资企业不仅通过本身的出口来向内资企业传递海外市场的信息，同时可以通过产业间的后向联系，对内资企业的生产技术的进步和产品标准的规范发挥重要作用。最后，稳健性检验的结果表明，回归结果并不受内资企业界定的影响，具有一定的稳健性。

本章的贡献在于，首先，有别于以往单纯对宏观数据进行的研究，本章以企业大样本微观面板数据为基础，能够从样本中筛选出内资企业，仅考察FDI对内资企业的出口是否有推动作用，而且能够同时测度FDI在行业内和行业间的各种溢出效应。具体采用国家统计局的工业企业数据来进行考察，该数据库包括工业行业中所有的国有企业和主营业务收入在500万元规模以上的非国有企业，涵盖的企业产值占全部工业总产值的90%以上。继而通过与投入产出表的匹配，对FDI相关变量进行了准确的计算，从而保证样本的广度和与变量的精度。其次，面板数据的固定效应模型和Heckman两步法的应用减弱了内生性和样本选择的问题，本章还控制了其他一系列可能会影响出口的企业个体异质性因素，尤其值得一提是，使用 Olley 和 Pakes 的方法准确估计了企业的全要素生产率，进而对企业的技术水平进行了很好的控制，确保了估计结果的准确性。最后，对内资企业所有制以及外资特征对出口溢出的影响进行了研究。

本章其余部分的安排如下，第 4.2 节设定模型与提出估计方法；第 4.3 节介绍数据以及变量的构造；第 4.4 节报告实证分析结果；第 4.5 节是稳健性检验；最后是本章小结。

4.2　模型设定与估计方法

4.2.1　模型设定

基准回归的模型设定如下：

$$\begin{aligned}\ln \text{Export}_{ijrt} = {} & \beta_0 + \beta_1 \text{Horizontal}_{jt} + \beta_2 \text{Backward}_{jt} + \beta_3 \text{Forward}_{jt} \\ & + \rho Z_{ijrt} + \sum a_r D_r + \sum a_j D_j + \sum a_t D_t + u_{ijrt}\end{aligned} \tag{4.1}$$

其中，被解释变量 Export_{ijrt} 是在 j 行业、r 地区的企业 i 在时间 t 的出口金额。Horizontal_{jt} 衡量了行业 j 在时间 t 的水平 FDI 溢出，Backward_{jt} 和 Forward_{jt} 分别是行业 j 的后向与前向 FDI 溢出①。Z_{ijrt} 是在 j 行业、r 地区的企业 i 的其他企业层面控制变量，如企业的技术、要素密集度、企业内部的 FDI 比重、研发投入、规模与成立时间等。D 则包含一系列的虚拟变量，具体地，D_r、D_j 和 D_t 分别指的是地区的、行业的和时间的固定效应。

具体地，加入控制变量以后的模型变为：

$$\begin{aligned}\ln \text{Export}_{ijrt} = {} & \beta_0 + \beta_1 \text{Horizontal}_{jt} + \beta_2 \text{Backward}_{jt} + \beta_3 \text{Forward}_{jt} \\ & + \beta_4 \ln(\text{TFP})_{ijrt} + \beta_5 \ln(K/L)_{ijrt} + \beta_6 \text{Age}_{ijrt} \\ & + \beta_7 \text{Scale}_{ijrt} + \beta_8 \text{RnD}_{ijrt} + \beta_9 \text{Foreignshare}_{ijrt} \\ & + \sum a_r D_r + \sum a_j D_j + \sum a_t D_t + u_{ijrt}\end{aligned} \tag{4.2}$$

---

①　水平（横向）溢出也就是行业内溢出，前向和后向溢出都属于行业间的溢出效应。

当估计出口倾向（出口在销售额中所占的比重）的时候，只需要将左侧换为 Export Propensity，其余与（4.2）式相同。

4.2.2 估计方法

（1）个体固定效应模型。

基准模型的第一个缺陷是内生性的问题。研究者们普遍认为，影响企业出口的会有许多不随时间改变的不可观测因素，如企业领导者的战略或偏好，当地的基础设施、交通通信及经济环境，中央政府和当地政府的出口政策或其他产业政策等。而这些不可观测的变量在很大程度上会与本章所关注的 FDI 行业内溢出、行业间溢出的变量相关，进而对不可观测变量的遗漏造成计量估计结果的偏误。

因此，除了控制上面所述的企业异质性变量外，本章主要采用了面板数据的固定效应（Fixed Effect）模型来进行估计①，以弱化内生性问题，得到更准确可靠的估计结果。

（2）Heckman 两步法。

基准模型的第二个缺陷，是样本选择的问题。注意到出口金额的变量是一个被截断的被解释变量（Truncated Dependent Variable），企业样本中有超过 3/4 的企业没有选择出口，于是这些非出口企业并未参与估计。然而，FDI 的溢出很有可能影响到非出口企业选择出口的概率，遗漏这部分样本并不是一种随机的选择，因而会造成估计值的偏误。而且无论是混合 OLS 还是固定效应，这一问题都无法得到解决。

为此，参照文献中的处理方法（Heckman，1979；Wooldridge，1995，2002；Christofides 等，2003），将 FDI 对非出口企业的影响也纳入考虑。具体地，需要进行两步回归：第一步，假设拥有同样特征的企业选择进行出口的概率相同，估计出企业选择出口的

① 我们同样采用过面板数据的随机效应模型（Random Effect）进行估计，但是 Hausman 检验的结果指出，随机效应模型关于误差项与解释变量不相关的假设在本章的模型设定中得不到满足。

probit 模型，具体的回归方程见（4.3）式。根据现有企业的特征变量，加入 D_Export_{ijr-t}，即企业在基期是否选择出口的虚拟变量，来估计所有企业包括出口企业和非出口企业选择出口的概率。

$$P(D\_Export_{ijr-t}=1)=\theta_0+\theta_1 Horizontal_{jt}+\theta_2 Backward_{jt}+\theta_3 Forward_{jt} +\lambda D\_Export_{ijr-t}+\theta_4 \ln(TFP)_{ijr-t}+\theta_5 \ln(K/L)_{ijr-t}+\theta_6 age_{ijr-t}+\theta_7 Scale_{ijr-t} +\theta_8 RnD_{ijr-t}+\theta_9 ForeignShare_{ijr-t}+\sum \phi_t D_t + v_{ijr-t} \quad (4.3)$$

接着，计算逆米尔斯比（Inverse Mill's Ratio），将其加入第二步的回归中，也就是插入（4.2）式的右侧。如果逆米尔斯比的系数是显著的，则证明了回归中确实存在样本选择的问题，采用 Heckman 两步法对其进行纠正的处理方法是十分必要的。

4.2.3　研究假设

研究假设 1：外资企业不仅能对本行业的内资企业产生积极的出口促进效应，而且还能通过产业间的纵向联系，与其上下游行业进行充分的信息和技术方面的沟通，对关联行业也能够发挥出正向的出口溢出效应。

研究假设 2：外资在行业内和上下游行业间的出口溢出效应，既与内资企业的所有制结构有关，也与外资是否出口有关。

4.3　数据

4.3.1　数据选取

本章所使用的数据库是国家统计局调查的企业统计数据（2004—2007 年），该数据库涵盖了全部国有和规模以上（年主营业务收入在 500 万元以上）非国有工业企业，包括采掘业，制造业，电力、燃气及水的生产和供应业，占国内工业总产值的 90% 以上。这些数据由中国国家统计局通过每年对工业企业进行调查收集而成，每个企业数据包括 100 多个财务变量，如企业的所属行业、所有制结构、实收资本的构成、雇员人数、年总产值、年出口值等变量。

在构建FDI溢出变量和分行业估计生产函数时，使用的行业划分依据是中国国民经济行业分类与代码中的二位数行业代码。行业间的FDI溢出指标的计算，依赖于中国投入产出表中的直接消耗系数表①（2007年不变价格）。

2004—2007年间的样本内的内资出口企业的总观察值为146927个，是一个不平衡的面板数据（Unbalanced Panel）。在进行全要素生产率的估计时，由于涉及两年相减求解投资，会自动损失掉第一年的观测值。而且在做Heckman两步法的样本选择纠正时，第一步的企业出口选择模型中，要以基期即2004年是否出口作为解释变量，于是参与实际回归的为2005—2007年间的样本内的内资出口企业，共计103952个观测值，不重复的企业数量为55364家。

4.3.2 变量构造

（1）被解释变量。

①出口金额（ln（Export））：工业企业数据库中的企业出口额的对数。考虑到汇率在时间上的变化可能会对企业出口造成的影响，以2004年为基期，将2004年的汇率设为1，求出以后各年相对于2004年的汇率，由此汇率比为准，对以后各年度的出口额进行了标准化的处理。

②出口倾向（Export Propensity）：企业总出口额占企业总销售额的比重。

（2）解释变量。

①FDI的水平溢出（Horizontal）。根据Javorcik（2004），采用行业内企业的外资含量占实收资本之比，再用企业产出占行业总产出的比重来加权平均后的指标来衡量行业j内的FDI溢出，计算公式为：$\text{Horizontal}_{jt} = \left(\sum_{i\in j}\text{ForeignShare}_{it} \times Y_{it}\right)\Big/\left(\sum_{i\in j}Y_{it}\right)$，其中$\text{ForeignShare}_{it}$是企业$i$在时间$t$的FDI含量占该企业实收资本的比

① 见附录3。

重，Y_{it} 是企业 i 在时间 t 的产出，$\sum_{i\in j} Y_{it}$ 是行业 j 在时间 t 的总产出。由公式可见，行业内企业的外资含量的增加，抑或 FDI 企业的产出的增加，均能使水平 FDI 溢出的指标随之增大。

②FDI 的后向溢出（Backward）。后向溢出变量的具体计算公式为：$\text{Backward}_{jt} = \sum_{k\neq j} a_{jk}\text{Horizontal}_{kt}$，其中 a_{jk} 为行业 j 向行业 k 供给原材料与中间产品的比例，该数值来源于中国 2007 年的投入产出表中的直接消耗系数①。在加权的时候，令 $k \neq j$，因此该指标的计算已经将行业内部的溢出效果过滤掉。由公式可见，有 FDI 的行业 k 的外资参与程度的增加，抑或行业 k 使用其他行业 j 提供的原料和中间产品的增加，均能使 FDI 的后向溢出的指标随之增大。

③FDI 的前向溢出（Forward）。计算公式为：$\text{Forward}_{jt} = \sum_{m\neq j}\varphi_{jm}\left[\left[\sum_{i\in m}\text{ForeignShare}_{it}\times(Y_{it}-EX_{it})\right]\Big/\left[\sum_{i\in m}(Y_{it}-EX_{it})\right]\right]$，其中 φ_{jm} 为行业 m 向行业 j 供给原材料与中间产品的比例，该数值同样来源于中国 2007 年的投入产出表。值得一提的是，计算行业 m 的外资参与程度时，采用行业内企业的外资含量占实收资本之比，再被企业内销的产出占行业总内销产出的比重来加权平均后的指标，之所以排除掉出口的那部分产出，是因为作为原料供给者的行业 m 已经用于出口的那部分产出，显然不可能再提供给行业 j 中的内资生产商，也就不可能对内资企业的出口作出贡献。由公式可见，有 FDI 的行业 m 的外资参与程度的增加，抑或行业 m 向其他行业 j 供给的原料和中间产品的增加，均能使 FDI 的前向溢出的指标随之增大。

（3）控制变量。

全要素生产率（lnTFP）。为了控制企业技术对出口可能造成的影响，本章加入全要素生产率的变量作为对于技术的衡量指标。这里具体采用的是 Olley-Pakes 的方法计算全要素生产率。传统的 TFP 计算方法，会造成同时性（Simultaneity）和选择性偏误。具体

① 该表的编制以行业分类准则中的二位数行业代码为依据。

地，同时性是指利润最大化的企业会根据生产率冲击来选择其要素的投入，因此在回归中，不仅仅是产出和要素投入决定着生产率，生产率也会反过来同时影响产出和要素投入，而由于不可观测的生产率冲击很可能是随时间变化的，所以固定效应同样无法将这种关系准确估计出来，由此便会产生偏误。选择性偏误则是因为高资本存量的企业即便是面对负向的生产率冲击，相较于低资本存量的企业更有可能生存下来，于是造成企业选择退出该行业的概率与其资本存量呈负相关，资本变量的系数在估计中会被低估。Olley 和 Pakes（1996）解决同时性的问题，是通过采用代理变量来间接观察作为不可观测的生产率冲击；同时，他们通过企业生存概率的引入来解决选择性偏误的问题，因此这样计算的全要素生产率更为可靠。具体的做法是，以投资为代理变量，同时考虑企业在市场中的进入和退出，分行业①逐一估计出生产函数，再根据生产函数对每个企业进行 TFP 的预测，最后对 TFP 取自然对数。根据 Melitz (2003)② 的推论，预期该变量的系数为正。

资本劳动比（*K/L*）。此变量的引入依据是要素密集度差的 H—O 理论（Heckscher-Ohlin）用来控制企业的要素密集度对其出口可能产生的影响，即该企业是资本密集型还是劳动密集型。变量的计算是由企业的固定资产总值被雇员人数除所得到的比重。

企业内部 FDI 比重（Foreign Share）。由于合资企业内部的外资也可能对企业的出口行为产生一定的影响，所以在考察行业内和行业间外资溢出效应时，需要将企业内部的外资比重控制住。需要注意的是，本章对内资企业的界定是纯内资企业和外资含量低于 30%的中外合资企业，因此企业内部 FDI 比重这一变量在 0%～30%的区间中取值。

研发投入（RnD）。文献（Ruane 和 Sutherland，2005）认为企

① 这里假设同一行业内的不同企业具有相同的生产函数。行业的分类以行业分类准则中的二位数行业代码为准。

② Melitz（2003）认为，企业出口很可能会面临一些沉没成本如市场调研，生产率高的企业更有可能越过这些障碍来进行出口。

业的研究开发行为很有可能会影响 FDI 的对该企业的出口溢出，因为那些投入研究开发费用较多的企业可能更倾向于吸收 FDI 企业的信息外部性。所以，在本章中控制了 RnD，该变量的数值来自于企业的研究开发费。在一部分观测值中，这一变量的取值为 0，因此并未取自然对数，而是维持水平值。

规模（Scale）。加入规模变量以控制企业的规模对出口带来的影响。同时为了尽量不与其他变量产生相关关系，本章并非直接加入企业产值等规模因素，而是构造了规模虚拟变量。以全部企业样本中的总产值的 25%分位数为准，当企业产值大于 25%分位数，被认为是大中型企业，该变量取 1；当企业产值小于 25%分位数，被认为是小型企业，该变量取 0。

企业成立的时间长度（Age）。即为调查当年的年份减去企业成立年份。并且为了剔除异常值，将最早公司成立时间修正为 1949 年。由于在一部分观测值中，这一变量的取值为 0，因此没有取自然对数，维持水平值。

年份虚拟变量（Year Dummy）。由于实际参与回归的是三年期的数据，所以为了控制不同年份可能会带来的时间效应，需要引入两个时间虚拟变量，分别为 2005 年的时间虚拟变量 y2005 和 2006 年的时间虚拟变量 y2006。假设数据年份为某年，则为该年的虚拟变量赋值为 1；否则为 0。

省份虚拟变量（Province Dummy）。为了控制不同省份企业可能会有的地区效应，需要引入 $N-1$ 个地区虚拟变量。假设企业所在地为某省，则为该省的虚拟变量赋值为 1；否则为 0。

各变量如表 4-1 所示。

表 4-1　　**变量说明**

变量类型	变量名称	变量符号	变量说明
被解释变量	出口金额	ln(Export)	企业出口额的对数
	出口倾向	Export Propensity	企业总出口额占企业总销售额的比重

续表

变量类型	变 量 名 称	变量符号	变 量 说 明
解释变量	FDI 的水平溢出	Horizontal	衡量外资在行业内的参与程度。使用行业内企业的外资含量占实收资本之比，再用企业产出占行业总产出的比重来加权平均
	FDI 的后向溢出	Backward	衡量了外资的参与对下游行业的影响程度。使用 FDI 的水平溢出被投入产出表中的直接消耗系数来加权进行计算，即过滤掉行业内部的溢出效果
	FDI 的前向溢出	Forward	衡量了外资的参与对上游行业的影响程度。采用行业内企业的外资含量占实收资本之比，再被企业内销的产出占行业总内销产出的比重来加权平均
控制变量	全要素生产率	lnTFP	基于微观企业数据和 Olley-Pakes 方法计算
	企业内部 FDI 比重	Foreign Share	企业内部实收资本中的外资额占总实收资本的比重
	资本劳动比	*K/L*	衡量企业的要素密集度，采用企业的固定资产总值被雇员人数除所得到的比重
	研发投入	RnD	企业的研究开发费
	规 模	Scale	以全部企业样本中的总产值的 25%分位数为准，当企业产值大于 25%分位数，被认为是大中型企业，该变量取 1；当企业产值小于 25%分位数，被认为是小型企业，该变量取 0

续表

变量类型	变量名称	变量符号	变量说明
控制变量	成立的时间长度	Age	企业成立的时间长度，为剔除异常值，将最早公司成立时间修正为 1949 年
	2005 年虚拟变量	y2005	如果年份是 2005 年，为 1；否则为 0
	2006 年虚拟变量	y2006	如果年份是 2006 年，为 1；否则为 0
	省份虚拟变量	Province Dummy	$N-1$ 个地区虚拟变量。假设企业所在地为某省，则为该省的虚拟变量赋值为 1；否则为 0

4.3.3　描述性统计量

表 4-2 列出了与 FDI 溢出相关的三个解释变量的分行业指标。由于篇幅限制，这里只给出了 2007 年的数值①。依据国民经济行业分类中的二位数代码，将工业企业数据库中的二位数行业与中国 2007 年的投入产出表中的行业进行了匹配，代码大于 42 的行业在投入产出表中缺失其系数，所以能够成功匹配的行业总数为 35 个。

表 4-2　　**2007 年各行业的 FDI 溢出变量（%）**

行业	Horizontal	Backward	Forward
煤炭开采和洗选业	0.98	11.79	2.29
石油和天然气开采业	2.68	6.07	1.85
黑色金属矿采选业	1.39	6.05	2.90
有色金属矿采选业	2.85	6.17	3.90
非金属矿采选业	4.70	16.78	4.60

① 从时间趋势上来看，随着时间推移，多数行业的利用外资水平以比较缓慢的速度进步。

续表

行 业	Horizontal	Backward	Forward
其他采矿业	0. 14	14. 16	1. 89
农副食品加工业	20. 10	9. 93	5. 10
食品制造业	28. 88	31. 81	3. 78
饮料制造业	26. 59	10. 26	13. 00
烟草制品业	0. 07	14. 58	11. 84
纺织业	18. 11	10. 26	6. 97
纺织服装、鞋、帽制造业	35. 07	13. 14	13. 32
皮革、毛皮、羽毛（绒）及其制品业	39. 52	13. 73	4. 58
木材加工及木、竹、藤、棕、草制品业	12. 12	5. 77	13. 01
家具制造业	37. 75	1. 78	7. 28
造纸及纸制品业	25. 72	2. 46	0. 75
印刷业和记录媒介的复制	21. 96	14. 67	3. 20
文教体育用品制造业	51. 60	0. 49	2. 45
石油加工、炼焦及核燃料加工业	5. 68	1. 00	7. 06
化学原料及化学制品制造业	21. 49	4. 78	13. 63
医药制造业	19. 31	19. 95	2. 95
化学纤维制造业	19. 68	0. 85	6. 98
橡胶制品业	29. 38	6. 01	6. 39
塑料制品业	30. 80	15. 70	5. 34
非金属矿物制品业	12. 42	13. 64	2. 96
黑色金属冶炼及压延加工业	11. 52	14. 81	3. 39
有色金属冶炼及压延加工业	10. 88	5. 07	2. 07
金属制品业	25. 58	10. 68	8. 55
通用设备制造业	19. 78	1. 07	6. 52
专用设备制造业	22. 18	1. 93	6. 15

续表

行　业	Horizontal	Backward	Forward
交通运输设备制造业	26.05	0.87	4.72
电气机械及器材制造业	29.52	1.95	5.06
通信设备、计算机及其他电子设备制造业	75.79	1.20	3.19
仪器仪表及文化、办公用机械制造业	56.22	2.38	4.64
工艺品及其他制造业	30.50	0.13	5.59

注：第一列是国民经济行业分类中的二位数代码的行业名称；后面每列分别描述了外资的水平溢出（即行业内溢出）、外资在行业间的后向溢出和行业间的前向溢出。对外资的定义包括了外商资本与港澳台资本。参与计算的是 2007 年的工业企业数据库中所有能够与投入产出表成功匹配的行业。计算所依据的系数是中国 2007 年的投入产出表中的直接消耗系数。

表 4-2 的第二至四列分别描述了外资的水平溢出（行业内溢出）、外资在行业间的后向溢出和行业间的前向溢出。从整体来看，FDI 在行业内溢出的指标多数大于行业间溢出的指标。从行业分布来看，外资横向参与程度最高的行业，涵盖了一些高科技高资本密集度的行业，例如：通信设备、计算机及其他电子设备制造业、仪器仪表及文化、办公用机械和文教体育用品制造业；外资后向溢出系数比较高的行业，包括食品制造业、医药制造业、塑料造业和非金属矿采选业等为其他行业提供较多原材料或者中间产品的行业；而外资前向溢出系数比较高的行业，主要有纺织服装、鞋、帽制造业、木制品业、化学制品制造业等。值得一提的是，高科技行业的利用外资水平高，但是前向溢出和后向溢出系数都非常低；相比而言，纺织服装、鞋、帽制造业、饮料制造业和金属制品业等行业，三个外资溢出系数都比较大，这种局面与中国整体的产业格局，以及外资企业在产业中的分工密切相关。

表 4-3 则给出了主要变量的描述性统计量。就样本中的国内企业特征而言，企业的整体平均规模比较大，这主要是由本章所采用的数据是对规模以上企业的普查所决定的。企业的产出均值为

9913万元，企业的雇员人数平均值为238人，中间投入平均为7319万元，固定资产平均值为3161万元。

表4-3 **主要变量的描述性统计量**

变　量	总　体		出口企业		非出口企业	
	均值	标准差	均值	标准差	均值	标准差
Y（千元）	99130	876420	200590	1.685e+06	72204	464080
Export（千元）	10545	167377	50277	362742	0	0
lnTFP	0.812	0.391	0.860	0.393	0.800	0.390
Foreigns（%）	0.772	4.30	1.96	6.68	0.456	3.32
M（千元）	73193	591631	149013	1.140e+06	53071	309769
E（人）	238.0	1509	452.8	2345	181.0	1186
K（千元）	31617	482176	69174	891016	21650	288146
观测值	495650	495650	103952	103952	391698	391698

注：参与描述统计分析的为中国内资企业2004—2007年间的混合样本，这里将内资企业定义为FDI（包含港澳台和外商投资）的含量低于30%的国内企业。*Y*表示企业的年度总产值；Export表示企业的出口金额；lnTFP指用Olley和Pakes的方法分行业计算的全要素生产率取对数；Foreigns表示企业内部FDI占实收资本的比重（Foreign Share）；*M*表示企业的中间投入；*E*表示企业的雇员人数；*K*表示企业的固定资产总值。

在后四列中，更细致地描述统计对企业是否出口进行了划分，试图观察出口企业的一些特征。结果显示，相对于非出口企业，出口企业在规模上具有显著优势。具体地，出口企业的平均产值为20059万元，明显高于非出口企业的72204千元；出口企业的平均员工总数为453人，高于非出口企业的181人。此外，除了规模的优势，出口企业平均的Olley和Pakes全要素生产率为2.36(exp(0.86))，要比非出口企业2.23(exp(0.80))的平均值高。同时，出口企业内部的FDI比例平均为0.0196%，也要明显高于非出口企业的0.00456%。最后，样本内出口企业的年平均出口额为 5028 万元。

4.4 实证结果

4.4.1 FDI 的出口溢出

FDI 各变量对内资企业出口的影响报告在表 4-4 中。前两列的被解释变量是企业出口金额的对数，后两列的被解释变量是企业的出口倾向，即出口额占销售额的比重。第一列、第三列均采用企业个体的固定效应模型，并采用了 Driscoll 和 Kraay（1998）的方法纠正异方差、截面相关和序列相关。第二列、第四列均采用 Heckman 样本选择模型，变量 IMR 为逆米尔斯比（Inverse Mill's Ratio）。

表 4-4　**FDI 对东道国企业出口额与出口倾向的影响**

被解释变量	ln（Export）		Export propensity	
	（1） Fe	（2） Heckman	（3） Fe	（4） Heckman
Horizontal	3.180***	0.206***	0.110***	0.357***
	（0.333）	（0.044）	（0.029）	（0.010）
Backward	1.711***	0.526***	0.142	0.401***
	（0.198）	（0.083）	（0.173）	（0.019）
Forward	1.476**	1.658***	0.092	0.957***
	（0.651）	（0.154）	（0.067）	（0.034）
lnTFP	0.216***	0.150***	-0.006***	-0.042***
	（0.036）	（0.015）	（0.000）	（0.003）
Foreign Share	-0.089***	1.607***	-0.062***	-0.058***
	（0.028）	（0.085）	（0.015）	（0.019）

续表

被解释变量	ln（Export）		Export propensity	
	(1) Fe	(2) Heckman	(3) Fe	(4) Heckman
K/L	−0.010***	0.059***	−0.003**	−0.081***
	(0.002)	(0.004)	(0.001)	(0.001)
Age	0.001**	0.002***	−0.001***	−0.007***
	(0.000)	(0.001)	(0.000)	(0.000)
RnD	0.000***	0.000***	0.000***	−0.000***
	(0.000)	(0.000)	(0.000)	(0.000)
Scale	0.520***	1.317***	0.005**	−0.169***
	(0.017)	(0.015)	(0.002)	(0.003)
yeardum05	−0.304***	−0.539***	0.001	−0.079***
	(0.003)	(0.013)	(0.001)	(0.003)
yeardum06	−0.154***	−0.344***	0.001	−0.052***
	(0.004)	(0.014)	(0.001)	(0.003)
常数项	9.477***	−2.691***	0.549***	−2.083***
	(0.025)	(0.058)	(0.017)	(0.013)
IMR		−0.746***		−0.226***
		(0.009)		(0.002)
观测值	104334	89221	104334	89221
R^2	0.086	0.2016	0.001	0.2387

注：*、**和***分别代表10%、5%和1%的显著水平。括号中为标准差。前两列的被解释变量是企业出口金额的对数，后两列的被解释变量是企业的出口倾向，即出口额占销售额的比重，回归均控制了省份虚拟变量。第一列、第三列均采用企业个体的固定效应模型，并采用了 Driscoll and Kraay（1998）的方法，汇报的 R^2 是 within R^2。第二列、第四列均采用 Heckman 样本选择模型，IMR 为逆米尔斯比（Inverse Mill's Ratio），汇报的观测值数量是参与第二步回归的数量，汇报的 R^2 是调整后的 R^2。

从表4-4中可见，除第三列的Backward、Forward两个变量不显著以外，其他FDI相关的变量均显著为正，显著性水平基本上在1%。以第二列的结果来讲，水平溢出的弹性为0.206，表示FDI的行业内参与度每增加1%，就能够使该行业的内资企业的出口金额平均增加0.206%；而后向溢出的弹性为0.526，说明Backward的指标每增加1%，内资企业受益于从其所属部门购买原材料的各个外资部门的平均出口增长效应为0.526%；前向溢出的弹性则为1.658，说明Forward的指标每增加1%，内资企业受益于从各个外资部门购买原材料的平均出口增长效应为1.658%。

在第四列的回归结果中，水平溢出的系数为0.357，反映了FDI的行业内参与度每增加1%，就能够使该行业的内资企业的出口倾向平均增加0.357；而后向溢出的系数为0.401，说明Backward的指标每增加1%，内资企业受益于从其所属部门购买原材料的各个外资部门的平均出口倾向增加0.401；前向溢出的系数则为0.957，说明Forward的指标每增加1%，内资企业受益于从各个外资部门购买原材料的平均出口倾向增加0.957。

实证结果充分证实了研究假设1，外资企业不仅能对本行业的内资企业产生积极的出口促进效应，而且还能通过产业间的纵向联系，对其上下游关联行业也能够发挥出正向的出口溢出效应。究其原因，首先，外资企业会辐射正向的技术溢出，有利于内资企业提高其自身的技术水平，进而在出口市场上更具有竞争力；其次，外资企业本身有更高的出口倾向，并可以通过购买中间产品和提供原材料，提高其上游和下游的内资企业的国际化程度，包括生产能力、产品标准等，从而提高行业间内资企业的出口倾向；最后，由于外资企业有更强的海外背景和海外关系，从而有助于为本土企业建立与海外的商业联系，如商业平台的构建或者其他信息的流转，因此也能在一定意义上降低本土企业的出口成本。

控制变量中，全要素生产率（TFP）的系数在前两列在1%的水平下显著为正，后两列在1%的水平下显著为负，说明对于技术水平较高的企业，其出口金额会显著增加，但是出口额占销售额的比重却会减少，这一结果可能与企业的内销策略有关。投资研发活动（RnD）的系数在1%的显著性水平上为正，说明企业的研发能力和研发意识越强，从外资中吸收到的信息外部性就越强，从而对企业增加出口额有显著的促进作用。企业成立时间长度（Age）的系数在5%的显著性水平上为正，说明企业的成立时间越长，积累的海外客户资源越多，应对海外市场的经验和信息也越多，因而出口金额也越大。前两列的时间虚拟变量均显著为正，说明了在2005—2007年间，排除其他因素的影响后，出口额随着时间推移在增加。

此外，值得一提的是，IMR逆米尔斯比的系数在1%的水平下显著，说明了样本选择的问题确实存在，采用Heckman两步法是十分必要的。

4.4.2 不同所有制结构下的FDI出口溢出

表4-5报告了不同所有制结构下的FDI各变量对内资企业出口金额的影响。被解释变量为企业出口金额的对数。如前所述，前两列是国有企业的分样本回归结果，后两列是私营企业的结果①。第一列、第三列均采用企业个体的固定效应模型，第二列、第四列均采用Heckman样本选择模型。

回归结果显示，在固定效应模型下，国有企业组别的各个FDI溢出变量的系数都显著，但是在Heckman模型下，国有企业组别的前向溢出和后向溢出变量都不显著，水平溢出变量在10%的水平上显著为正。相对应地，私营企业组别在两种模型下的回归结果几乎都在1%的水平上显著为正，除固定效应模型下的前向溢出以外。所以，在控制了出口的自选择问题以后，国有企业的FDI溢出变量的显著性水平比较弱或不显著，这可能是由于国有企业的公司治理、内在激励、风险规避等特征，不能够使其充分吸收外资企业的信息和技术用于出口，从而FDI的出口溢出效应不明显；也可能是由于国有企业所在行业的特殊性，无形中对出口形成了一定的制

① 本章中，我们将国有资本和集体资本之和控股，定义为国有企业。将除国有、外商投资、港澳台投资以外的资本控股，定义为私营企业。

约，也就影响到了外资的出口溢出效应。

表 4-5　　**不同所有制结构下的 FDI 出口溢出效应**

分 样 本	国有企业		私营企业	
	(1) Fe_SOE	(2) Heckman_SOE	(3) Fe_POE	(4) Heckman_POE
Horizontal	0.367***	0.301*	0.699***	0.299***
	(0.116)	(0.164)	(0.055)	(0.046)
Backward	2.271***	0.036	0.350***	0.614***
	(0.299)	(0.333)	(0.044)	(0.085)
Forward	1.141***	0.918	−0.022	1.861***
	(0.419)	(0.577)	(0.379)	(0.159)
lnTFP	0.095***	0.183***	0.203***	0.129***
	(0.018)	(0.046)	(0.032)	(0.015)
Foreign Share	0.786***	1.152***	−0.031	1.580***
	(0.103)	(0.308)	(0.057)	(0.088)
K/L	0.005	0.208***	−0.010	0.041***
	(0.003)	(0.016)	(0.012)	(0.005)
Age	−0.008***	−0.003**	0.002***	0.003***
	(0.002)	(0.001)	(0.000)	(0.001)
RnD	0.000	0.000***	0.000***	0.000***
	(0.000)	(0.000)	(0.000)	(0.000)
Scale	0.511***	1.617***	0.517***	1.261***
	(0.014)	(0.068)	(0.018)	(0.016)
yeardum05	−0.144***	−0.766***	−0.277***	−0.516***
	(0.017)	(0.056)	(0.006)	(0.014)
yeardum06	−0.055***	−0.492***	−0.140***	−0.333***
	(0.011)	(0.058)	(0.002)	(0.014)
常数项	8.696***	7.907***	8.655***	8.518***
	(0.042)	(0.134)	(0.062)	(0.033)

续表

分样本	国有企业		私营企业	
	(1) Fe_SOE	(2) Heckman_SOE	(3) Fe_POE	(4) Heckman_POE
IMR		−0.800*** (0.034)		−0.752*** (0.009)
观测值	8146	7477	96188	81744
R^2	0.032	0.223	0.089	0.190

注：*、** 和 *** 分别代表 10%、5% 和 1% 的显著水平。括号中为标准差。被解释变量是内资企业出口金额的对数，回归均控制了省份虚拟变量。第一列、第三列是国有企业的分样本回归结果，第二列、第四列是私营企业的结果。前两列均采用企业个体的固定效应模型，并采用了 Driscoll 和 Kraay (1998) 的方法，汇报的 R^2 是 within R^2。后两列均采用 Heckman 样本选择模型，IMR 为逆米尔斯比（Inverse Mill's Ratio），汇报的观测值数量是参与第二步回归的数量，汇报的 R^2 是调整后的 R^2。

控制变量中，全要素生产率（TFP）的系数都在 1%的水平下显著为正，说明当企业提高技术水平，出口金额会相应增加，这与 Melitz（2003）理论研究的结论相一致。投资研发活动（RnD）的系数在 1%的显著性水平上为正，说明企业的研发能力和研发意识越强，从外资中吸收到的信息外部性就越强，从而对企业增加出口额有显著的促进作用。另一项有意思的发现是，两种模型的结果中，国有企业成立的时间长度（Age）的系数均在 1%的显著性水平上为负，相反地，私营企业成立的时间长度的系数均在 1%的显著性水平上为正。这反映了历史悠久的国有企业出口金额不大，而相反地，寿命较长的私营企业的出口竞争力却会较强，这一发现与国企和私企进入和退出市场的决定因素与竞争机制有关。

4.4.3 不同外资特点下的 FDI 出口溢出

以往的文献普遍认为，FDI 企业自身有很高的出口倾向，从而能够对内资企业形成出口信息外溢，借此推动内资企业出口的增长（柴敏，2006）。我们计算了数据中的 FDI 企业①的出口倾向，在 2004—2007 年的平均出口倾向约为 45%，比内资企业平均出口倾向的 10%高出很多。因此，研究 FDI 自身的出口行为对内资企业出口可能带来的影响是很有意义的。本小节中，将外资划分为有出口行为的外资和没有出口行为的外资，重新分别计算了 FDI 横向、前向和后向溢出的指标，再按照前面的方法重新进行估计。

从表 4-6 的回归结果中可以看到，无论是个体固定效应还是 Heckman 两步法，有出口行为的外资的水平溢出效应均为正值，且都在 1%的水平下显著，而没有出口行为的外资的水平溢出均在 1%的水平下显著为负。而外资的前向溢出效应只有在 Heckman 模型下才显著为正，而且有出口行为的外资的前向溢出弹性大于没有出口行为的外资。而对于后向溢出效应而言，无论外资是否进行出口，都在 1%的水平下显著为正，而且注意到，没有出口行为的外资的后向溢出弹性大于有出口行为的外资。我们认为，这可能是由于无论外资企业出口与否，外资企业对其中间投入产品质量的严格控制，很有可能会提升其供应商的生产技术和产品标准，从而间接地对其供应商的出口所有帮助。

表 4-6　　**外资企业是否出口与 FDI 出口溢出**

	出口的外资		未出口的外资	
	（1） Fe	（2） Heckman	（3） Fe	（4） Heckman
Horizontal	0.755***	0.406***	−0.856***	−1.665***
	（0.073）	（0.047）	（0.262）	（0.256）
Backward	1.004***	1.016***	1.856**	2.116***
	（0.094）	（0.119）	（0.785）	（0.304）

① 以企业的外商投资与港澳台投资之和，占实收资本的比例超过 30%来界定。计算平均值时，包含没有出口的企业。

续表

	出口的外资		未出口的外资	
	(1)	(2)	(3)	(4)
	Fe	Heckman	Fe	Heckman
Forward	-2.063*	4.762***	0.014	2.770***
	(1.173)	(0.364)	(0.558)	(0.263)
lnTFP	0.194***	0.131***	0.201***	0.174***
	(0.032)	(0.014)	(0.033)	(0.013)
Foreign Share	-0.070**	1.544***	-0.062**	1.580***
	(0.031)	(0.085)	(0.028)	(0.085)
K/L	-0.009***	0.062***	-0.010***	0.055***
	(0.003)	(0.004)	(0.003)	(0.004)
Age	0.000*	0.002***	0.000	0.001***
	(0.000)	(0.001)	(0.000)	(0.001)
RnD	0.000***	0.000***	0.000***	0.000***
	(0.000)	(0.000)	(0.000)	(0.000)
Scale	0.523***	1.289***	0.523***	1.274***
	(0.017)	(0.016)	(0.018)	(0.016)
IMR		-0.750***		-0.764***
		(0.009)		(0.009)
观测值	104334	89221	104334	89221
R^2	0.084	0.191	0.083	0.190

注：*、** 和 *** 分别代表 10%、5% 和 1% 的显著水平。括号中为标准差。前两列是用有出口行为的外资来计算的外资溢出指标，后两列是用有没有出口行为的外资来计算的外资溢出指标，回归均控制了省份虚拟变量。第一列、第三列均采用企业个体的固定效应模型，并采用了 Driscoll 和 Kraay（1998）的方法，汇报的 R^2 是 within R^2。第二列、第四列均采用 Heckman 样本选择模型，IMR 为逆米尔斯比（Inverse Mill's Rratio），汇报的观测值数量是参与第二步回归的数量，汇报的 R^2 是调整后的 R^2。

控制变量中，全要素生产率（TFP）的各列系数都在1%的水平下显著为正，说明当企业提高其技术水平，出口金额会显著增加。投资研发活动（RnD）的系数都在1%的显著性水平上为正。此外，企业成立的时间长度（Age）和规模（Scale）的系数均在1%的显著性水平上为正。

4.5　稳健性检验

本章中，前文使用的样本都是外资含量低于30%的企业。然而文献中认为，一方面，有FDI参与①的中外合资企业与外资的沟通要更为密切，从外资中获得信息外部性、技术扩散等各种益处的可能性更大，因此很有可能出口溢出效应会更大；另一方面，由于外资在华的战略通常倾向于建立中外合资公司以开拓中国市场②（柴敏，2006），所以很可能中外合资企业本身的出口倾向并不强烈，对内资企业的出口增长效应也不明显。基于这种双向的可能性，有必要对样本重新整理来检验本章中关注的FDI出口溢出的效果。因此，本小节中我们在回归中使用纯内资企业（完全不含外资）的样本来做稳健性的检验，控制变量将不再包含企业内部的外资比例。具体的回归结果见表4-7。

同基准结果一样，表4-7报告了分别以出口额的对数和出口倾向为被解释变量的稳健性检验。表格中不难发现，表4-7的结果与表4-4的基准回归结果差异不大。仅是个体固定效应模型的估计结果略有差异，如对出口额的对数进行估计时，外资的前向溢出在表4-7中不显著，而在表4-4中，前向溢出在5%的水平上显著为正。但是，对于水平溢出和后向溢出的系数而言，表4-7的结果与表4-4非常一致。Heckman样本选择模型的估计结果更加稳健，在表4-

① 这里主要指外资参与但不控股的情况。

② 建立中外合资企业，利用中方熟悉市场环境、政策环境、地理环境等优势，迅速本土化，占领中国市场份额。而建立外商独资公司以利用中国的劳动力和能源优势进行生产，然后密集出口。

7 的第二列和第四列中的 FDI 溢出的三个变量均在 1%的水平下显著为正，这与表 4-4 完全一致。此外，其余控制变量的系数也与表 4-4 中的系数基本一致。这就充分证明了本章的回归结果不受内资企业界定的影响，研究结论是十分稳健的。

表 4-7　　**稳健性检验——纯内资企业**

	ln（Export）		Export ratio	
	(1) Fe	(2) Heckman	(3) Fe	(4) Heckman
Horizontal	3.140***	0.301***	0.085***	0.266***
	(0.365)	(0.046)	(0.009)	(0.010)
Backward	2.092***	0.612***	0.067*	0.331***
	(0.164)	(0.087)	(0.038)	(0.019)
Forward	1.136	1.906***	0.075	0.755***
	(0.754)	(0.161)	(0.064)	(0.035)
lnTFP	0.197***	0.118***	−0.008***	−0.064***
	(0.034)	(0.015)	(0.001)	(0.003)
K/L	−0.010***	0.044***	−0.003**	−0.081***
	(0.003)	(0.005)	(0.001)	(0.001)
Age	0.001*	0.001*	−0.001***	−0.005***
	(0.000)	(0.001)	(0.000)	(0.000)
RnD	0.000***	0.000***	0.000***	−0.000***
	(0.000)	(0.000)	(0.000)	(0.000)
Scale	0.505***	1.254***	0.003	−0.118***
	(0.019)	(0.016)	(0.003)	(0.003)
yeardum05	−0.306***	−0.553***	0.001**	−0.095***
	(0.001)	(0.014)	(0.001)	(0.003)
yeardum06	−0.153***	−0.349***	0.002***	−0.058***
	(0.004)	(0.014)	(0.001)	(0.003)

续表

	ln（Export）		Export ratio	
	（1）	（2）	（3）	（4）
	Fe	Heckman	Fe	Heckman
常数项	9.377***	8.536***	0.508***	1.090***
	（0.019）	（0.034）	（0.004）	（0.007）
IMR		−0.740***		−0.213***
		（0.009）		（0.002）
观测值	94877	81126	94877	81126
R^2	0.085	0.179	0.001	0.313

注：*、** 和 *** 分别代表 10%、5%和 1%的显著水平。括号中为标准差。参与回归的样本为实收资本中完全不含外资的企业。前两列的被解释变量是企业出口金额的对数，后两列的被解释变量是企业的出口倾向，即出口额占销售额的比重，回归均控制了省份虚拟变量。第一列、第三列均采用企业个体的固定效应模型，并采用了 Driscoll 和 Kraay（1998）的方法，汇报的 R^2 是 within R^2。第二列、第四列均采用 Heckman 样本选择模型，IMR 为逆米尔斯比（Inverse Mill's Rratio），汇报的观测值数量是参与第二步回归的数量，汇报的 R^2 是调整后的 R^2。

4.6　本章小结

本章研究了对外资的利用是否能够对本行业以及其他行业的内资企业出口产生积极影响，以及企业的所有制结构和外资是否出口跟这种效应的大小关系。本章采用行业内和行业间 FDI 溢出的指标来度量外资的影响，以及控制了各个可能会影响出口的企业异质性变量。实证研究结果表明 FDI 对同行业和上下游行业的内资企业出口具有正向的溢出效应。而关于企业的所有制结构和外资是否出口的分别研究，发现了私营企业相较于国有企业，能够从 FDI 中获得更多的出口增长。而外资是否出口对 FDI 出口溢出的影响，结论是混合的。稳健性检验的结果则进一步支持了本章的结论。本章的研究结论具有很强的现实意义，因此，鉴于本章得出的研究结论，我们提出一些思考与建议。

首先，本章的研究发现，利用外资对于促进出口的益处是多方面的，外资不仅能对本行业的内资企业产生积极的出口促进效应，而且还能通过产业间的纵向联系，与其他行业进行充分的信息和技术的沟通，对其他行业也能够发挥出正向的溢出效应。因此，除了关注本行业以外，关注行业间的出口溢出也大有裨益。为了充分发挥外资促进出口的作用，除了加强产业内的沟通如产业集群外，应考虑密切产业间的联系，如产业链、纵向一体化等。引进 FDI 政策应由注重数量向注重质量转变，要积极引进那些能够与本土企业产生深层次产业关联的外商直接投资，以促进 FDI 与本土企业之间建立稳定有效的垂直分工协作体系。

其次，利用外资的出口溢出，改变我国低价、低端化的出口贸易现状。继续提供支持和优惠政策，鼓励和吸引外资进入，尤其应更加重视对高技术产业 FDI 的引进，并加强本土企业与 FDI 企业在高技术产业领域的合作，以促进本土企业对 FDI 先进技术的学习与吸收，进而提高本土企业在高技术产业领域的出口竞争力，逐步改变我国低价、低端化的出口贸易现状。此外，要着重吸引发达国家的外商投资，并引导外资向资本或技术密集型行业转移。发达国家的跨国企业技术水平相对较高，不仅能够给本地企业带来技术溢出，还能够通过集约边际和扩展边际直接促进出口产品质量升级。这也意味着，尽管长期以来我国以劳动力优势在国际分工下获取了资本或技术密集型行业产品的生产份额，但现阶段更重要的是吸收与运用外商投资中此类行业的先进技术和质量优势，使出口产品质量升级具备客观的技术条件。

最后，研究发现私营企业相较于国有企业，能够从 FDI 中获得更多的出口增长。有鉴于此，缓解我国企业尤其是私营企业的融资约束，成为提升企业出口竞争力的切实有效的路径。我国现行的银行信贷管理体制限制了私营企业出口融资，即使是企业符合信贷准入条件的贷款申请，也要经过复杂的报批程序和资产抵押担保手续。高额的抵押费用、繁杂的手续、苛刻的担保制度提高了私营企业的融资成本，让大多数私营企业望而却步。因而，我们应积极加快金融市场改革，从根本上缓解私营企业出口面临的融资约束。

总而言之，只有将“引进来”和“走出去”结合起来，将扩大招商引资同提高内资企业的出口联系起来，提高内资企业的技术水平和出口能力，才能真正使我国在长期的时间路径中，在真正意义上从吸引外资中获益。

相对于已有文献主要研究 FDI 的技术溢出，本章对 FDI 的出口增长效应进行考察，并以全国企业的微观数据为基础进行研究是一个巨大的突破。然而，目前这个研究方向的研究结果大多是实证性的，结论也并不明确，缺乏明确统一的理论框架来系统地解释 FDI 对东道国企业出口行为的影响。通过构建微观动态一般均衡模型，将企业当期与未来、产品市场与要素市场的行为纳入统一的分析框架中，系统地研究企业在是否出口、出口金额、出口占内销比例上的选择，从而得出企业发展的最优路径，为现有的多角度的实证发现提供理论基础，这可以成为未来的研究方向。此外，从理论以及实证的角度探索 FDI 对于出口的影响因素、作用途径与传导机制，从而为政府和企业提供更明确的建议，也可以作为未来的研究方向。

第5章　利用外资的环境溢出效应

5.1　概述

近年来，经济发展与资源环境的矛盾日益凸显，环境污染问题越来越多地引发各界关注。鉴于中国利用外资的逐年深化，以及资源环境对中国经济发展的严重约束，研究外商直接投资（FDI）的进入对中国各城市的污染排放强度是否有影响，具有现实和理论的双重意义。以中国为背景的研究绝大多数利用省际面板数据得出结论，且只有少数的文献考虑到了环境污染的空间自相关性。因此，在控制了空间关联以后，利用外资是否能影响到城市的环境保护和污染排放，成为一个值得研究的问题。

FDI改善环境的作用机制有以下几点：首先，外资企业在国外通常会受到更高的环境标准的约束，因此本身就具有更强的环保倾向，表现在环保生产体系、先进的排污与污染物处理技术等，从而有利于直接地提高东道国城市的环境质量；其次，FDI很可能会产生正向的技术溢出，从而有利于东道国企业提高技术水平、提高能源的利用效率，并降低污染物的排放；最后，利用外资会提高东道国的GDP与人均收入①，从而提高城市居民的环保意识，迫使政府采取更严厉的环保法规，因此也能在一定程度上提高东道国的总体环境水平。然而，与此同时，也有观点指出FDI会恶化东道国的环境质量，其中最有影响力的观点是污染避难所假说（Pollution Haven Hypothesis：Copeland和Taylor，1994；Taylor，2004），认为在国际产品流动和国际资本流动的背景下，跨国公司全球布局的策

① 包群、陈媛媛和宋立刚（2010）称之为收入效应。

略会倾向于将污染密集型的产业或生产环节配置到环境标准相对低的国家，而这些国家正是那些环境标准低，同时又在降低标准积极吸引外商投资的发展中国家。

因此，本章在回归中通过采用城市数据和空间计量方法，对 FDI 的环境效应进行考察，结果发现在控制了能源消费量和产业结构等因素以后，FDI 对工业二氧化硫和工业粉尘排放量影响的系数仍显著为负，从而说明了利用外资具有改善东道国环境质量的积极作用。除此之外，本章还研究了 GDP 对污染物排放的作用，结果发现 GDP 的一次项系数为正，二次项系数为负，证实了“倒 U 形”的环境库兹涅茨曲线（EKC）的存在性，这就说明随着产出增加，污染会最终越过拐点，进入逐渐下降的阶段。

本章的贡献在于，一方面，本章重点研究了 FDI 的环境效应，检验污染避难所假说是否存在。首先检验了重要变量的空间自相关性的存在，继而通过采用空间面板的计量模型，来考察 FDI 对城市的环境质量是否有推动作用，从而在一定程度上缓解了由于遗漏变量造成的内生性和估计偏误。有别于文献中大多数对省际面板数据进行的研究，本章采用全国 259 个地级市 10 年的数据，确保了样本的广度和精细化。尤其值得一提的是，本章采取的并非传统的 0-1 邻接矩阵，而是通过精准测量各地级市之间的地理距离，构造出精确的空间距离矩阵。因此保证了样本的广度与变量的精度，另外还控制其他一些可能会影响到污染物排放的异质性因素。另一方面，本章还度量了 GDP 对于环境污染的影响，证实了 EKC 的存在性，即环境污染随着 GDP 的增加，确实存在先增后减的倒 U 形关系。

本章其余部分的安排如下：第 5.2 节设定空间计量模型；第 5.3 节介绍数据以及变量的构造；第 5.4 节报告实证分析结果；最后是本章小结。

5.2　空间计量模型设定

5.2.1　空间自相关检验

风力、水流等自然力的作用，会使污染物向周边地区扩散，同时邻近地区的地方政府在环境、税收等政策方面的关联，也会使得邻近地区的环境污染存在很强的空间相关性（刘华军、刘传明和杨骞，2015；刘洁和李文，2013）。而对于FDI而言，一方面，在相邻区域之间可能会有政策趋同性、区位优势相近、经济发展区域俱乐部等特性，让FDI可能有很强的空间相关性；另一方面，在规模较大城市的FDI可能会通过产业链关联效应向周边地区辐射，发生FDI空间溢出（何兴强和王利霞，2008）。因此在污染和FDI都存在空间相关性的情况下，传统的面板数据估计就会产生遗漏变量的问题，从而导致估计结果产生偏误。

为检验空间相关性的存在性，需要计算 Moran's *I* 指数。这就要先引入空间权重矩阵来测度变量的空间相关性。现有文献关于空间权重矩阵的构造主要有三种做法，第一种是邻接矩阵，即将接壤地区的权重设为1，不接壤地区的权重设为0。第二种是采用两地区之间的地理距离的倒数为空间权重（Madariaga 和 Poncet，2007），也就是假设地理距离越小，空间相关性就会越强，权重也就越大。第三种是经济距离矩阵（李婧等，2010），假设空间权重跟一个地区的经济发展水平相关，因此使用经济变量来计算权重。考虑到邻接矩阵并不能很好地反映出那些并非相邻但距离很近的地区之间的空间关联（符森，2009），同时本章所研究的是环境污染的问题，更多的是跟空间地理距离相关，因此选取第二种方式来构造空间权重矩阵。

空间距离超过某个极限值（Madariaga 和 Poncet，2007），空间影响可能就会由正向转负向，所以我们设置1624为距离的极限值，若两地市间的物理距离大于此值，则将权重设置为0。再将空间权重矩阵做标准化处理，使得每行之和均为1。

具体地，面板数据的空间权重矩阵 W 的维度是 $NT \cdot NT$，其中，N 为样本中的地级市截面维度259个，T 为样本的时间维度10年。空间权重 W 矩阵形式如下：

$$W = \begin{pmatrix} W_{2003} & 0 & 0 \\ 0 & \ddots & 0 \\ 0 & 0 & W_{2012} \end{pmatrix}$$

W 矩阵的每个非对角线元素均为零，对角线元素是每年的截面空间距离矩阵。又因为空间距离与时间、经济等因素均不相关，是一个严格意义上的外生变量，故而对角线上的截面权重矩阵在各年度均相等 $W_{2003}=W_{2004}=\cdots=W_{2012}$。

而对于外生的截面空间距离矩阵 W_T，若设 i 地市与 j 地市之间的地理距离为 d_{ij}①，则矩阵在经过标准化后的代表元素 w_{ij} 取值如下：

$$w_{ij}=\begin{cases} d_{ij}^{-1}/\sum_{j=1}^{N}d_{ij}^{-1}, & \text{if } i\neq j \\ 0, & \text{if } i=j \\ 0, & \text{if } d_{ij}\geqslant 1624 \end{cases}$$

接着，本章参照文献的做法，将面板数据分为不同的年份（Anselin，1988；许和连和邓玉萍，2012），分别测度各年度的 FDI 和二氧化硫排放在地级市间的 Moran's I 指数，计算公式为：

$$\text{Moran's } I=\sum_{i=1}^{n}\sum_{j\neq i}^{n}w_{ij}(Y_i-\bar{Y})(Y_j-\bar{Y})/(S^2\sum_{i=1}^{n}\sum_{j\neq i}^{n}w_{ij})$$

其中，$S^2=\sum_{i=1}^{n}(Y_i-\bar{Y})^2/n$，$w_{ij}$ 是截面空间权重矩阵的代表元素，Y_i 是第 i 个地市的变量取值，$\bar{Y}$ 是 Y_i 的平均值。根据设定，Moran's I 指数的取值会落在［−1，1］的区间内。

FDI 与工业 SO_2 排放量的 Moran's I 指数汇报在表 5-1 中，由于变量都采用地级市层面数据，所以 Moran's I 指数的数值较小。结果如表 5-1 所示：首先，各年份的 P 值都小于 0.001，由此可以拒绝不存在空间自相关的原假设。所以可以得出结论，实际利用外资金额 FDI 与 SO_2 排放量都具有显著的空间相关性。其次，各年份的 Moran's I 指数均为正，说明具有空间集聚性，即空间相关性与地市间的距离成反比，与预想一致。最后，对于工业 SO_2 排放量而言，Moran's I 指数的数值呈现逐步增大的趋势。这充分说明，环境污染不仅具有空间关联，而且空间关联日益紧密，由此，区域环境间的

① 城市间的地理距离依据经纬度计算，样本中部分城市（省会城市）的经纬度列于附录 5 中。

深度影响与经济一体化的作用可见一斑。仅有 FDI 的指数呈现不同的规律，即随着时间推移，反映出递减的特征。这是因为在初期外资多考虑东部沿海地区，而随着政府政策以及要素成本等条件的变动，外资逐步向中西部地区推进。综上所述，两个关键变量均表现出显著的空间自相关，故本章将采用空间计量方法进行回归。

表 5-1　　**FDI 与 SO_2 排放量的 Moran's *I* 指数**

年份	FDI			SO_2 排放量		
	Moran	*Z* 值	*P* 值	Moran	*Z* 值	*P* 值
2003	0.075	17.492	0.000	0.037	9.373	0.000
2004	0.077	17.963	0.000	0.035	8.868	0.000
2005	0.066	15.564	0.000	0.042	10.457	0.000
2006	0.071	16.506	0.000	0.032	8.294	0.000
2007	0.071	16.612	0.000	0.032	8.253	0.000
2008	0.010	3.379	0.001	0.028	7.534	0.000
2009	0.070	16.328	0.000	0.031	7.963	0.000
2010	0.058	13.685	0.000	0.032	8.202	0.000
2011	0.044	10.731	0.000	0.025	6.540	0.000
2012	0.051	12.138	0.000	0.045	11.444	0.000

注：均采用双尾检验。FDI 和 SO_2 排放量取对数。

5.2.2 模型构建

(1) 空间面板模型。

基准的回归模型设定如下：

$$\ln(\text{pollution}_{it}) = \beta_0 + \beta_1 \ln(\text{FDI}_{it}) + \beta_2 \ln(\text{GDP}_{it}) + \beta_3 \ln^2(\text{GDP}_{it}) + \mu Z_{it} + \alpha_i + \varepsilon_{it} \tag{5.1}$$

在方程（5.1）中，被解释变量 pollution_{it} 是地级市 i 在时间 t

的排污量。解释变量为 FDI 和 GDP，并且本章加入 GDP 的二次项来控制可能存在的非线性关系。Z_{it} 是影响污染排放的其他地市层面控制变量，如能源消费量、技术、经济结构等。α_i 是地级市 i 不随时间变化的固定效应。

现有关于空间面板模型的设定主要有两种，空间滞后模型（Spatial Lag Model）和空间误差模型（Spatial Error Model），二者都是以空间距离矩阵为基准，将空间自相关性引入计量模型，主要区别是空间自相关的引入方式不同。空间滞后模型侧重于将滞后因变量的空间关联引入，来解释因变量的变化，而空间误差模型则是通过对误差项之间空间自相关的测度来解决空间遗漏偏误。具体地，这两种模型的回归方程如下：

空间滞后模型（SLM）：

$$\ln(\text{pollution}_{it}) = \rho \sum_{j=1}^{N} w_{ij} \ln(\text{pollution}_{jt}) + \beta_0 + \beta_1 \ln(\text{FDI}_{it}) + \beta_2 \ln(\text{GDP}_{it}) + \beta_3 \ln^2(\text{GDP}_{it}) + \mu Z_{it} + \alpha_i + \varepsilon_{it} \tag{5.2}$$

空间误差模型（SEM）：

$$\ln(\text{pollution}_{it}) = \beta_0 + \beta_1 \ln(\text{FDI}_{it}) + \beta_2 \ln(\text{GDP}_{it}) + \beta_3 \ln^2(\text{GDP}_{it}) + \mu Z_{it} + \alpha_i + \delta_{it} \tag{5.3}$$

其中，$\delta_{it} = \lambda_t \sum_{j=1}^{N} w_{ij} \delta_{jt} + \nu_{it}$，$\nu_{it} \sim iid$。

本章在后面的实证分析中，将具体采用拉格朗日乘数检验的 LM 统计量来检验两个模型，即方程（5.2）与方程（5.3）的适用性。

（2）估计方法。

根据胡安俊和孙久文（2014），对于面板空间计量模型，采用传统的 OLS 估计方法会造成偏误，应采用极大似然（MLE）或广义距估计（GMM）来进行估计。这两种方法的主要区别在于，对于误差项满足正态分布假设的情况，MLE 的估计会更有效；而 GMM 则无需对误差项分布的假设，但实际操作中选取工具变量的问题上有争议，因此本章将主要采用 MLE 的估计方法，使用 Stata SE 12.1 软件来进行估计。

5.2.3 研究假设

研究假设1：地级市的工业二氧化硫、工业粉尘的排放与实际利用外资额均具有显著且为正的空间相关性，即存在空间聚集的特征。

研究假设2：一个地级市的实际利用外资金额越多，越有助于减少该城市的二氧化硫和粉尘的工业污染物排放。

研究假设3：产出增长与环境污染的关系呈“倒U形”，即随着地级市的产出增长，该区域内的工业污染物排放会先增加，在到达某个拐点之后，再呈现下降趋势。

5.3 数据与变量

5.3.1 数据选取

本章所使用的数据来自《中国城市统计年鉴》、中经网统计数据库和EPS全球统计数据库（2004—2013年），数据库涵盖了我国内地31个省、自治区和直辖市（不含港澳台地区）的289个地级市的数据，统计口径为市辖区范围①。对于城市间距离的计算依据国家基础地理信息系统②。各个名义变量均以样本初始年份2003年为基准，计算折合为实际变量。

接着剔除样本中变量严重缺失的地市，剔除FDI数据整体缺失的30个城市：巢湖、安康、安顺、巴彦淖尔、巴中、达州、定西、防城港、固原、河池、黑河、呼伦贝尔、嘉峪关、金昌、酒泉、克拉玛依、拉萨、陇南、平凉、商洛、乌兰察布、武威、吴中、西宁、忻州、银川、玉林、运城、张掖、中卫等。又由于面板空间计

---

① 地级市的列表与FDI和工业污染排放量等主要变量的取值见附录4。

② 城市间的地理距离依据经纬度计算，样本中部分城市（省会城市）的经纬度列于附录5中。

量无法支持非平衡面板数据，故而某些地市的个别年份 FDI 数据的缺失使用移动平均插入法进行插补。同样的，由于工业二氧化硫排放量、工业粉尘排放量并无整体缺失，所以个别年份的缺失同样使用插入法补齐。处理过后，数据中原有的 31 个省份、自治区和直辖市减至 29 个，缺失的是青海与西藏两省份。

5.3.2　变量构造

（1）被解释变量。

环境污染（Pollution）：根据文献惯常做法（He，2006；朱平辉、袁加军和曾五一，2010），并考虑到二氧化硫和工业粉尘是雾霾的主要成分，所以分别用工业二氧化硫排放量（SO_2）和工业粉尘（Dust）作为度量环境污染的指标。

（2）解释变量。

外商直接投资（lnFDI）：实际利用外资额取自然对数。

产出（lnGDP）：根据环境库兹涅茨曲线 EKC（Grossman 和 Kruger，1995）的理论，经济增长与环境污染的关系呈“倒 U 形”，即随着经济增长，环境污染会先增加，随后在到达某个拐点之后，污染再呈现下降趋势。因此为了观察这种趋势，分别引入产出的对数与产出对数的二次项。由于本章研究的被解释变量是污染物排放总量，故而 GDP 也采用城市的总值指标而非人均值。

（3）控制变量。

能源消费（ln（e））：鉴于大气污染物主要是燃烧能源的结果，可以预见能源消费量是影响污染程度的最重要因素之一（郝宇、廖华和魏一鸣，2014）①。消费的能源涵盖的种类很多，如果将各种类进行加权，恐怕出来的结果会有失偏颇。而电力消费量是克强指数的重要指标之一，标准且可靠。再考虑到被解释变量是工业排污量，故选用工业用电量的指标。

① 郝宇、廖华和魏一鸣（2014）直接采用能源消费量作为度量污染程度的指标。

资本劳动比（ln（*K/L*））：现有研究认为，更高的技术水平代表着更高的能源利用效率（原毅军、郭丽丽和孙佳，2012），以及更低的污染排放水平。同时，资本密集型的行业具备更高的技术水平（尹翔硕，2002）。因此控制技术水平对污染物排放所可能产生的影响，即该地市是资本密集型还是劳动密集型。具体地，用固定资产投资完成额被单位就业人员数除所得到的比重再取自然对数。

产业结构（Struc）：文献指出，产业结构将影响环境污染的强度，当第三产业的比重提高，污染将会有所缓解；反之，如果第二产业的比重提高，将会加剧污染（许和连和邓玉萍，2012）。因此本章控制产业结构，具体采用第二产业产值占该地市的总产值之比重来衡量产业结构。

年份虚拟变量（Year Dummy）：由于实际参与回归的是10年的数据，所以为了控制不同年份可能会带来的时间效应，需要引入（$N-1$）个即九个时间虚拟变量。假设数据年份为某年，则为该年的虚拟变量赋值为1，否则为0。

表5-2　**变量说明**

变量类型	变量名称	变量符号	变量说明
被解释变量	二氧化硫排放量	SO_2	地级市的工业二氧化硫排放量
	粉尘排放量	Dust	地级市的工业粉尘排放量
解释变量	外商直接投资	lnFDI	实际利用外资额取自然对数
	产出	lnGDP	衡量了外资的参与对下游行业的影响程度 EKC 曲线预测了产出与环境的“倒 U 形”关系，为了观察产出与环境的非线性关系，分别引
	产出的二次项	$\ln^2$GDP	入产出的对数与产出对数的二次项

续表

变量类型	变 量 名 称	变量符号	变 量 说 明
控制变量	能源消费	ln（e）	工业用电量
	资本劳动比	ln（K/L）	衡量要素密集度与技术水平，采用固定资产投资完成额被单位就业人员数除所得到的比重再取自然对数
	产业结构	Struc	企业的研究开发费
	年份虚拟变量	Year Dummy	$N-1$ 个时间虚拟变量。为该年份的虚拟变量赋值为 1；否则为 0
	空间自相关系数	ρ	空间滞后模型（SLM）的空间自相关系数，表示因变量滞后的空间关联
		λ	空间误差模型（SEM）的空间自相关系数，表示误差项的空间关联

5.3.3　描述性统计量

主要变量的描述性统计量列于表 5-3 中。参与描述统计的为我国内地 259 个地级以上城市在 2003—2012 年的混合数据。从表中可见，总样本观测值为 2590 个。

表 5-3　　**主要变量的描述性统计量**

变　量	均值	标准差	最大值	最小值
工业二氧化硫排放量（吨）	65057	64710	683162	12
工业粉尘排放量（吨）	31442	126239	5168812	34
GDP（万元）	6995863	1. 55e+07	1. 99e+08	123153
人均 GDP（元）	35315	26456	293346	2544

续表

变　量	均值	标准差	最大值	最小值
实际利用外资金额（万美元）	40886	116232	1518453	0
就业人员数（万人）	28	53	701	0.81
人口密度（人/平方公里）	1058	1043	31	14052
工业用电量（万千瓦时）	466411	759687	8057600	8699
第二产业产值比重（%）	52	12	8	89
样　本　数	2590			

如表5-3所示，中国地级市的工业二氧化硫排放量与工业粉尘排放量平均分别为65057吨与31442吨，可见从平均值来说，工业二氧化硫排放量是工业粉尘排放量的两倍多。这充分说明，不仅是大气雾霾以二氧化硫污染为主要成分，而且工业二氧化硫排放量还在工业大气污染排放总量中占很大的比重，因此，管控二氧化硫的排放是环保工作的重中之重。

对于利用外资的情况而言，我国地级市平均的实际利用外资金额为40886万美元，体现了地级市较高的利用外资平均水平。然而，该变量的标准差数值较大，反映了实际利用外资情况在不同地级市间差别较大。其中最小值为0万美元，最大值为1518453万美元。这种差异是由各地级市不同的引资政策、投资环境、产业发展现状与要素禀赋优势等多种因素造成的。

此外，地级市工业用电量的平均值为466411万千瓦时，GDP平均为6995863万元，人均GDP平均为35315元，就业人员数平均为28万人，人口密度的均值为1058人/平方公里，第二产业产值的平均比重为52%。

5.4 实证结果

5.4.1 LM检验

为了进行SLM模型和SEM模型的选择，本节通过拉格朗日乘数 LM 统计量来分别检验两种模型的适用性。检验结果列于表 5-4。从表中可见，工业二氧化硫与粉尘排放量两个变量的 LM test spatial lag 稳健统计量的 P 值均大于 0.05，因此不能拒绝变量没有空间滞后的原假设。相应地，两个污染指标的 LM test spatial error 稳健统计量均在 5% 水平下显著。根据 Anselin 和 Florax（1995），本章的研究问题更符合 SEM 模型将空间自相关引入误差项的假设，从而采取 SEM 更为适用。

表 5-4　　**空间面板模型选择：LM 检验**

变　量	ln（SO_2）	ln（Dust）
LM test spatial lag	0.1490 （P=0.6995）	1.1479 （P=0.2840）
LM test spatial lag（robust）	0.3024 （P=0.5824）	0.0069 （P=0.9337）
LM test spatial error	323.9662 （P=0.0000）	480.5240 （P=0.0000）
LM test spatial error（robust）	324.1196 （P=0.0000）	479.3830 （P=0.0000）

5.4.2　FDI 的环境溢出

表 5-5 报告了 FDI 对各地市污染物排放量的影响。前两列的被解释变量是工业二氧化硫排放量的对数，后两列的被解释变量是工业粉尘排放量的对数。为了便于比对，汇报 SLM 和 SEM 两种模型的估计结果，均是基于 MLE 估计方法得出的结果①。

① 结果根据 Shehata 教授的 stata 程序包计算而成。

表 5-5　　**FDI 对环境污染的影响：空间面板估计结果**

被解释变量	ln（SO_2）		ln（Dust）	
	(1) SLM	(2) SEM	(3) SLM	(4) SEM
lnFDI	−0.0317***	−0.0283***	−0.0357***	−0.0296***
	(0.0117)	(0.0095)	(0.0116)	(0.0106)
lnGDP	0.1703	0.3959***	0.5331***	0.1554***
	(0.3496)	(0.1217)	(0.1007)	(0.0619)
$\ln^2$GDP	−0.0034	−0.0092***	−0.0171***	−0.0096***
	(0.0110)	(0.0039)	(0.0032)	(0.0025)
ln（e）	0.1941***	0.1832***	0.1868***	0.1732***
	(0.0410)	(0.0173)	(0.0349)	(0.0190)
Struc	−0.0149***	0.0155***	0.0079***	0.0018
	(0.0023)	(0.0016)	(0.0022)	(0.0020)
ln（K/L）	−0.0865***	−0.0299	−0.0905***	−0.0777***
	(0.0224)	(0.0220)	(0.0229)	(0.0244)
ρ	0.7452***		0.8957***	
	(0.0589)		(0.0295)	
λ		0.7764***		0.9011***
		(0.0483)		(0.0281)
观测值	2590	2590	2590	2590
R^2	0.2196	0.6384	0.1699	0.6261
Adj_R^2	0.1310	0.5973	0.0757	0.5836
log L	−3303.0195	−3291.9841	−3537.4376	−3547.8252

注：*、** 和 *** 分别代表 10%、5% 和 1% 的显著水平。括号中为标准差。前两列的被解释变量是工业二氧化硫排放量的对数，后两列的被解释变量是工业粉尘排放量的对数。回归中均包含常数项和年份虚拟变量。log$L$ 为模型的对数极大似然值。

从表 5-5 中可见，FDI 各列的弹性系数均在 1%的显著性水平上为正，以 SEM 的结果而言，表示城市中的实际利用外资额每增长 1%，就能够使该城市的工业二氧化硫的排放量平均约减少 0.0283%；工业粉尘的排放量平均约减少 0.0296%。说明在控制了能源消费量、GDP 等关键变量以后，再消除了空间自相关的遗漏偏误，本章发现了在城市层面上污染避难所假说不成立的证据，城市的环境质量能显著地受益于引进外资。

而对于另一个解释变量产出水平而言，除了在二氧化硫的 SLM 中不显著，其余各列的 GDP 一次项均在 1%水平下显著为正，且 GDP 的二次项均显著为负，可见 GDP 与污染排放之间是非线性的关系，EKC 曲线预测的“倒 U 形”关系确实存在。

控制变量中，工业电力消费量的系数是正值，且在 1%的统计水平下显著，可见同作者的预期一致，高能源消费量会导致一个城市出现污染物排放加剧。产业结构（Struc）对二氧化硫排放量的影响在 1%的水平下显著为正，表明对于第二产业所占比重较高的城市，其工业二氧化硫排放量会显著增加，而在 SEM 模型下产业结构对工业粉尘排放量的作用并不显著。资本劳动比（ln（K/L））对工业粉尘排放量的影响系数在 1%的显著性水平上为负，说明城市的资本密集度越高，技术水平就越高，能源利用效率和污染处理能力就越强，对环境清洁的贡献就越大。

SLM 和 SEM 两种模型的估计结果无论是系数的方向、系数大小、显著性程度都大体一致，可见本章的回归对于不同的模型设定有稳健性。然而 SEM 确实如本节前面 LM 检验所指示的，回归所得出的变量的显著性水平高，R^2也比较大，说明模型的设定较为合理，解释力度较强。另外，还注意到，空间自相关系数 ρ（SLM）与 λ（SEM）在 1%的水平下显著，说明空间自相关的问题确实存在，遗漏空间关联必然会造成估计偏误，采用空间计量的方法对其进行纠正是十分必要的。

5.5 本章小结

本章研究了外商直接投资（FDI）对中国城市环境污染的影

响。通过采用空间面板数据的 SLM 模型、SEM 模型，发现了“污染避难所”假说并不成立，FDI 能够显著地降低工业二氧化硫和工业粉尘的污染排放，从而能够帮助改善地区环境质量。除此之外，本章还发现了环境库兹涅茨曲线（EKC）确实存在，产出与环境污染呈现“倒 U 形”的关系，即随着产出增加，环境污染呈现出先上升，在越过拐点之后再下降的趋势。本章的研究结论具有很强的现实意义，因此，鉴于本章得出的研究结论，我们提出一些思考与建议。

第一，通过空间自相关检验，本章发现利用外资与环境污染都存在着正向的空间关联，有很强的比邻效应和集聚效应。对此，一方面，在招商引资上，应该考虑构建战略性大区域，将相近的一些小城市合并为一个大区域，充分发挥大区域在人力资源、投资环境、自然禀赋等方面的比较优势，同时改变以前地区间割裂竞争的局面，通过空间协同、产业链一体化，打造一个区域性的引资总部，借之以辐射周边区域。另一方面，在治理污染上，也要改变以前割裂区域分别治理的思路，针对每个大区域污染物来源的特征和属性，在大区域内部的地区实行同样的政策力度，避免污染企业向政策相对宽松的边缘地区逃避。

第二，通过空间面板回归，本章发现 FDI 对于降低污染物排放有积极的作用，能够帮助改善城市环境质量。因此地方政府应当从节能环保的角度来考虑，提高吸引外资质量，鼓励外资进入环保产业，鼓励外商在资本密集型、技术密集型制造业以及第三产业进行投资。此外，还要从环保技术溢出的角度考虑，提高内资企业对于外资企业清洁生产技术和先进污染处理技术的吸收、转化与再研发能力。

第三，本章还发现了环境库兹涅茨曲线的存在性，因此随着经济的发展，最终越过环境污染的峰值，进入环境优化区域。而如果想提前到达拐点，需要的是政府、企业和居民三方的共同努力：政府的环保立法与监管，企业技术障碍的克服，以及居民提高环保意识，倒逼政府和企业。其中，公众参与是推动环保事业的关键力量，其基础是存在有效的公民利益表达渠道。在中国，随着城市居民对于生活质量重视程度的不断提高，以及环境信息透明度的增强，特别是现代媒体的发展，有越来越多的公众开始有意识和有组织地表达对污染问题的关注和对环境治理的强烈要求。

相对于已有文献主要研究 FDI 的技术溢出，对 FDI 的环境效应进行考察，并以中国 259 个地级市 10 年的数据为基础进行研究是一个研究的突破。然而，目前在这个研究方向的研究结果大多是实证性的，缺乏一个完善的理论框架来系统地解释 FDI 对东道国城市污染排放与环境质量的影响。此外，从理论以及实证的角度探索 FDI 对于资源环境内在的影响途径与作用机制，从而为中央政府和地方政府提供更明确的政策建议，也可作为未来的研究方向。

第6章　结论、建议与未来研究方向

6.1　结论

（1）主要研究结论。

近年来，我国利用外商直接投资（FDI）的强度取得了巨大进展，到2014年，我国实际使用外资总额居全球第一位。利用外资的质量问题，即外资对本国企业和本国经济所能够发挥的作用，越来越多地被公众与政府关注。本书研究了在我国经济体制转型的大背景下，中国如何充分利用外资的外部性来促进经济与环境协调发展。具体地，本书系统性地研究了外资对我国企业技术的提升作用、外资对企业出口的促进作用，以及外资对我国城市环境的改善作用。

本书的第3章研究了企业人力资本与FDI技术溢出效应的关系。我们的实证结果发现，企业人力资本水平与其吸收外资技术溢出显著相关，企业的高学历员工的构成比例越高，增加其同行业的FDI为之带来的技术进步效应就越大；反之，低学历员工的构成比例越高，增加其同行业的FDI，该企业所能吸收到的技术溢出效应就越小。这说明，企业的人力资本水平对该企业吸收FDI技术溢出有着显著的贡献，模仿与学习、研发与创新，以及促进积极的人员流动效应占据了主导地位。首先，人力资本水平高的企业能够利用积累的人力资本来更有效地与外资企业进行沟通，对外资企业进行学习和模仿，以提高其自身的技术水平；其次，企业的员工素质越高，该企业从事研发的能力越强，创新技术的能力也就越强；最后，那些已经雇佣了高学历员工的企业可能内在地对人才的需求越强，从而更有可能从人才市场上吸收到跨国公司流出的人才以及人才所带来的先进技术和管理经验。

我们的研究结果充分说明，国内企业应该充分利用自身的人力资本优势，加强对外资企业的学习和模仿，以及提高自身的研发和创新能力。此外，国内企业应当加强与外资企业在人才和信息方面的互动，主动汲取外资企业优秀的技术、人才和管理经验。总之，在吸引外资的同时，要注重内资企业对外资技术的消化、吸收和转化，只有将扩大招商引资与提高吸收能力结合起来，才能使内资企业从长远上获益。

第 4 章研究了 FDI 的出口外部性，即出口溢出效应。采用行业内和行业间 FDI 溢出的指标来度量外资的影响，研究了 FDI 对出口的水平、前向和后向溢出。实证结果发现了，外资在横向和纵向上均有显著的出口溢出效应。首先，FDI 会产生正向的技术溢出，从而有利于东道国企业提高自身的技术水平，从而在出口市场上更具有竞争力；其次，外资企业本身有更高的出口倾向，并可以通过购买中间产品和提供原材料，提高其上游和下游的内资企业的国际化程度，包括生产能力、产品标准等，从而提高行业间内资企业的出口倾向；最后，由于外资企业有更强的海外背景和海外关系，从而有助于为本土企业建立与海外的商业联系，如商业平台的构建或者其他信息的流转。

这说明，利用外资对于促进出口的益处是多方面的，外资不仅能对本行业的内资企业产生积极的出口促进效应，而且还能通过产业间的纵向联系，与其他行业进行充分的有关于信息和技术的沟通，对其他行业也能够发挥出正向的溢出效应。因此，除了关注本行业以外，关注行业间的出口溢出也大有裨益。为了充分发挥外资促进出口的作用，除了加强产业内的沟通如产业集群外，应考虑密切产业间的联系，如产业链、纵向一体化等。

第 5 章关注 FDI 对东道国环境的影响，即环境溢出效应。本章通过采用空间面板的计量模型，重点研究 FDI 的环境效应，检验“污染避难所”假说是否存在；同时度量 GDP 对于环境污染的影响，探讨环境库兹涅茨曲线（EKC）的存在性。在控制空间自相关性之后，实证研究的结果表明：第一，“污染避难所”假说并不成立，相反地，FDI能够显著地降低工业二氧化硫和工业粉尘的污染物排放，从而能够改善地区环境质量。第二，利用外资与环境污染都存在着正向的空间关联，有很强的比邻效应和集聚效应。第三，在空间面板回归中检验产出水平对环境污染的影响，结果证实了环境库兹涅茨曲线确实存在，产出与环境污染呈现“倒U形”的关系，即随着产出的增加，环境污染会先上升，在越过拐点之后，再呈现下降的趋势。

有鉴于此，我国政府应当从节能环保的角度来考虑，改变以前地区间割裂竞争的局面，通过空间协同、产业链一体化，打造一个区域性的引资总部，借之以辐射周边区域，提高吸引外资质量；鼓励外资进入环保产业，鼓励外商在资本密集型、技术密集型制造业及第三产业投资；同时还要从环保技术溢出的角度考虑，提高内资企业对于外资企业清洁生产技术和先进污染处理技术的吸收、转化与再研发能力。

（2）贡献与创新之处。

本书基于外商直接投资具有外部性的视角，通过系统性地研究FDI的技术溢出、出口溢出与环境溢出三种溢出效应的影响，旨在对外商直接投资进行更全面的认识。利用外资以解决中国当前三个方面的矛盾或问题：招商引资与技术进步、利用外资与促进外贸、经济发展与环境污染，并深入探讨东道国政府行为的作用，提出有针对性的政策建议。本书的研究具有一定的贡献和创新性：

首先，已有的研究大多着眼于一个方面，从某个特定的角度进行研究。本书将外资对技术、外贸和环境三方面的溢出效应结合起来，系统性地研究了外资对我国经济与环境多方面的影响，以及如何更加有效地利用外资。故能弥补文献对技术溢出关注过多、对出口溢出效应与环境溢出效应的研究严重不足的缺憾，完善文献对利用外资促进东道国经济与环境全面发展的研究。

其次，本书以全国工业企业大样本的微观面板数据库与中国地级以上城市数据库为基础，具体地，我们采用的是国家统计局的工业企业数据来进行考察，该数据库包括工业行业中所有的国有企业和主营业务收入在500万元规模以上的非国有企业，涵盖的企业产值占全部工业总产值的90%以上，有效地避免了采用宏观数据对微观企业行为无法进行具体观测的缺陷。大样本微观数据的运用使得本书的研究能够有效地区分外资企业和内资企业，并对内资企业的行为进行深入而有针对性的探索；同时，大样本微观数据也保证了我们度量几个关键指标的准确性，如FDI的水平溢出、前向溢出和后向溢出、内资企业的人力资本水平等。由此，既保证了样本的广度，又保证了变量的精度，从而确保研究结果的准确性和普遍性。

最后，本书采用了微观面板计量模型与空间计量模型，并在一定程度上对内生性进行了处理。具体地，根据研究问题的不同与数据的差异性，本书分别选用了面板序列的固定效应（Fixed Effect）模型、随机效应（Random Effect）模型、混合最小二乘（Pooled OLS）、Heckman样本选择模型、空间滞后模型（SLM）和空间误差模型（SEM）等多种计量模型，从而使得估计结果更为准确可靠。

6.2　政策建议

（1）促进外资技术溢出的建议。

第一，东道国吸收技术溢出的效率高低取决于其自身知识存量和吸收能力，因此，为了有效发挥技术外溢效应，各省区应在外资引进和吸收能力建设方面采取配套措施。推动内资企业的技术引进、吸收与再创新，努力缩小其与外资企业的技术差距，提高自身知识存量以及对新知识的吸收能力。只有那些拥有大量知识存量、具备一定吸收能力的东道国，才能将外部知识转化为自身可应用的知识。外资企业比重过高的行业难以产生显著的技术溢出效应，其原因也在于这些行业中内外资企业技术差距较大。因此，应继续鼓励内资企业积极引进国外现有技术，并加大对引进技术的消化、吸收和再创新投入力度，以尽快缩小同外资企业的技术差距。

第二，从吸收技术溢出的角度来看，应当加强人力资本建设，这是一项艰巨而长期的工程，应加大教育、科技与研发投入，正确处理人才资本积累和吸收外资的关系。内资企业要注重人力资本积累，加强人力资本的投资力度，适度提高先进人才的待遇，对特别缺乏的高层次人才，可以通过产学研的模式联合培养，鼓励高层次人才学习深造；积极吸引海归人才和国外专家。高技术产业人力资本积累也要求转变高等教育培养模式，注重培养人的学习能力和创新能力，提高教育投资利用效率。同时，在保持对东部地区人力资本持续投资的基础上，加大对中西部地区的人力资本投资。政府在高技术企业人力资本投资方面可通过提供适度补贴和融资便利等措施鼓励其进行人力资本投资。提高我国高技术产业的水平，更多地依赖自主创新，并将自主创新与技术引进吸收结合起来，在避免重复研发导致的资源浪费的同时培育独立的研发创新体系。

第三，内资企业应当加强与外资企业在人才和信息方面的互动，主动吸收外资企业优秀的技术、人才和管理经验。鼓励内资企业的高级技术与管理人才前往外资企业甚至外资企业的母国深造，积极进行交流学习，努力缩小差距，提高对外资技术溢出的吸收能力。鼓励内资企业加大力度进行人力资本投资，以高薪聘请外资企业流出的高级人才，借以提高对外企先进技术的吸收率。

第四，应着力吸引跨国公司把更高技术水平、更大增值含量的加工制造环节和研发机构转移到中国，引导产业结构和贸易结构的升级换代。因此，中国的外资和外贸政策应当服务于产业升级的战略需要。一方面外资政策应当鼓励跨国公司把高新技术和高附加值产业转移到中国来，另一方面，应当进一步细化引资政策，鼓励跨国公司把各产业中产业链上游的生产环节转移到中国来。外贸政策应当有利于高技术、高效率跨国公司的进入。

第五，改善制度环境，强调国内企业要加大吸收投入和自主研发力度，即使我们引入再多外资，即使跨国公司带来最先进的尖端技术，这些外资及其技术也很难刺激和带动国内企业的技术发展。我国经济要保持长期的活力，使增长更有质量，与大力引进外资相比，继续推进和深化国内市场化改革更为重要。目前我国经济转型还在进一步进行，市场竞争秩序在逐步建立和完善，价格机制调配资源的领域越来越宽泛，国有企业经营机制改革也在继续推进。但是我们也看到，对不同所有制企业的歧视性制度仍然存在，这可能是影响我国全社会经济效率、阻碍FDI技术溢出效应最为关键的一个制度顽疾，必须予以彻底纠正。为此，一方面要适当调整目前的外资政策，逐步并最终完全取消予以外资的“超国民待遇”；另一方面，应彻底摒弃目前在市场进入和金融服务等方面对国内民营资本的歧视，并采取切实措施支持和鼓励中小民营企业的发展。只有在一个以经济效率为基础的公平竞争环境中，才会完全挖掘现有企业的竞争潜力，才能不断涌现新的具有创新活力的企业，中国才会在经济不断增长的同时变成一个技术强国。

第六，针对不同行业的发展水平与开放程度，实施差异化的引资策略，充分获取FDI技术溢出效应。外资开放程度过低或过高均不利于FDI的知识溢出，因为中等程度的外资开放有利于营造内外资企业之间适度的竞争环境。因此，对于外资份额较低的行业，应该积极引进具有较强研发能力的外资企业，促进内外资企业之间的合理竞争。而对于那些外资已经处于垄断地位的高外资开放行业，则一方面要对垄断性的外资企业进行适度规制，另一方面要积极扶植行业内处于相对弱势地位的内资企业，特别是在研发投入方面给予政策支持，缩小内外资企业间的技术差距，促进FDI技术溢出的规模和速度，提升内资企业创新能力。

（2）促进外资出口溢出的建议。

第一，鉴于产业关联机制是FDI对中国企业出口溢出的主要渠道，我国引进FDI政策应由注重数量向注重质量转变，要积极引进那些能够与本土企业产生深层次产业关联的外商直接投资，以促进FDI与本土企业之间建立稳定有效的垂直分工协作体系。

第二，继续提供支持和优惠政策，鼓励和吸引外资进入，尤其应更加重视对高技术产业FDI的引进，并加强本土企业与FDI企业在高技术产业领域的合作，以促进本土企业对FDI先进技术的学习与吸收，进而提高本土企业在高技术产业领域的出口竞争力，逐步改变我国低价、低端化的出口贸易现状。

第三，要着重吸引发达国家的外商投资，并引导外资向资本或技术密集型行业转移。发达国家的跨国企业技术水平相对较高，不仅能够给本地企业带来技术溢出，还能够通过集约边际和扩展边际直接促进出口产品质量升级。这也意味着，尽管长期以来我国以劳动力优势在国际分工下获取了资本或技术密集型行业产品的生产份额，但现阶段更重要的是吸收与运用外商投资中此类行业的先进技术和质量优势，使出口产品质量升级具备客观的技术条件。

第四，要加强内资企业和外资企业之间的联系，通过建立合资企业实现技术溢出和知识转移。外资企业引进来以后，具备的先进技术和质量优势仅凭单纯的企业内生产是不够的，在与内资企业以及合资企业的横向交流中，技术和优势才能真正得到传播和利用，并且使其原有较高水平的技术和优势获得再提升的机会，这将有益于技术创新和质量升级，有利于我国出口产品向高附加值产品转型。

第五，研究发现私营企业相较于国有企业，能够从 FDI 中获得更多的出口增长。有鉴于此，缓解我国企业尤其是私营企业的融资约束，成为提升企业出口竞争力的切实有效的路径。我国现行的银行信贷管理体制限制了私营企业出口融资，即使是企业符合信贷准入条件的贷款申请，也要经过复杂的报批程序和资产抵押担保手续。高额的抵押费用、繁杂的手续、苛刻的担保制度提高了私营企业的融资成本，让大多数私营企业望而却步。因而，我们应积极加快金融市场改革，从根本上缓解私营企业出口中面临的融资约束。

(3) 促进外资环境溢出的建议。

第一，应该考虑构建战略性大区域，将相近的一些小城市合并为一个大区域，充分发挥大区域在人力资源、投资环境、自然禀赋等方面的比较优势，同时改变以前地区间割裂竞争的局面，通过空间协同、产业链一体化，打造一个区域性的引资总部，借以辐射周边区域。地方政府必须全面分析自身所处的经济发展环境，在综合考虑邻近省域发展政策上可能存在的冲突的基础上，因地制宜地采取不同的措施来避免引资和环保政策的千篇一律，并积极推进以排污权交易为核心的跨区域环保合作，建立良好的环境税收和生态补偿机制。

第二，污染治理要改变以前割裂区域、分别治理的思路，针对每个大区域污染物来源的特征和属性，在大区域内部的地区实行同样的政策力度，避免污染企业向政策相对宽松的边缘地区逃避。各级政府必须彻底改变“重经济发展，轻环境保护”的发展观和政绩观，隔断政绩和经济数量型增长之间的关系，建立绿色GDP考核指标，并将循环经济和环保指标纳入干部政绩考核指标体系。

第三，FDI的引入有利于改善我国的环境污染，这主要是由于FDI倾向于使用较为先进的生产技术和污染排放系统，其对区域产业结构优化与升级的作用有利于降低单位产出的资源消耗量和污染排放量。整体而言，“污染天堂”假说在中国并不成立。因此，我国应一如既往地积极引进外资，同时针对各个地区的环境污染情况及经济发展程度给予不同的政策导向和扶持，而各级政府部门和企业在引资过程中要有选择、有针对性地引入高质量、高效益的外资，并引导外商投资逐步从一般加工向研发、高端设计和高附加值制造业领域拓展，积极引进国外的先进技术和环保标准，注重开发外资企业的先进工艺和绿色生产流程。

第四，地方政府应当从节能环保的角度来考虑，提高吸引外资质量，鼓励外资进入环保产业，鼓励外商在资本密集型、技术密集型制造业以及第三产业进行投资。此外，还要从环保技术溢出的角度考虑，提高内资企业对于外资企业清洁生产技术和先进污染处理技术的吸收、转化与再研发能力。应加快调整FDI“两头在外，污染在内”的畸形产业投资结构，地方政府应根据自身经济发展程度给予高效益、清洁型、技术密集型FDI合理的政策导向和地区导向。同时，充分利用辖区间产业结构、要素禀赋的互补性来增强FDI的扩散效应和回流效应，积极培育本土地区吸收外资溢出的环保技术承载能力，从而实现引资—环保双赢的局面。

第五，研究还发现了环境库兹涅茨曲线的存在性，因此随着经济的发展，最终越过环境污染的峰值，进入环境优化区域。而如果想提前到达拐点，需要的是政府、企业和公众三方的共同努力，政府的环保立法与监管、企业技术障碍的克服，以及公众提高环保意识，倒逼政府和企业。其中，公众参与是推动环保事业的关键力量，其基础是存在有效的公民利益表达渠道。在中国，随着城市居民对于生活质量重视程度的不断提高，以及环境信息透明度的增强，特别是现代媒体的发展，有越来越多的公众开始有意识和有组织地表达对污染问题的关注和对环境治理的强烈要求。

6.3 未来研究方向

本书以国家统计局工业企业数据中的内资企业为研究对象，可以更加准确地观察企业层面的行为。但是，由于该数据只包括工业企业，不包括农业、服务业等行业，农业、服务业等行业的企业数据无法匹配，这使得我们损失了一部分数据样本，降低了模型估计的效率。由于水平有限，本书没有从理论上构建一般均衡理论模型来阐述国际资本市场的均衡状态及联动效应。此外，还有以下的相关拓展领域，都可以作为未来进一步研究的方向：

（1）中国企业对外直接投资（OFDI）。

研究中国企业“走出去”，在其他国家开办企业，在东道国的技术水平高于母国的情况下，这种对外直接投资对我国造成的技术进步效应，即逆向技术溢出。可结合吸收能力的几个层面来研究逆向技术溢出。

（2）FDI 与出口的交互关系。

探索企业进入国际市场的方式选择，即选择以出口或 FDI 的方式进入国际市场，在 Melitz（2003）模型基础上，可将企业生产率的异质性与国际市场的风险相结合来进行分析。

此外，另一个研究思路为，同在本国资本市场融资一样，将外商直接投资同样看作我国企业的融资方式之一，于是 FDI 可以作为放松资金约束的手段之一，从这个角度来论证 FDI 的技术溢出和出口溢出。于是 FDI 同东道国资本市场环境密切相关，可结合我国资本市场融资困难的现状来进行探索，尤其是对私营企业和中小企业而言。

（3）FDI、进口与技术溢出。

理论上讲，FDI 能够通过促进发展中国家的进口产生间接的技术溢出。这是因为，外资企业通常会偏好进口高技术含量的机器设备、原材料和中间产品。因此，倘若存在这种机制，传统的对 FDI 技术溢出的研究将会由于忽略进口产生间接的技术溢出而低估技术溢出总体效果。

（4）FDI 环境溢出的作用机理。

后续可针对 FDI 环境溢出效应的三种途径展开细致研究：FDI 对环境的收入效应、技术溢出效应和环境规制效应，挖掘其作用机制。

研究地方政府行为如何影响 FDI 环境效应，如地方政府的腐败程度、环境规制力度，并将邻近地区的政府之间在制定环境政策和引资方案时的政策博弈纳入考量。

此外，在方法上，后续可以进一步细化对空间相关性的测度，将空间距离矩阵设置为经济距离矩阵的形式，允许我们考虑不同地区间的经济关联，而非单纯意义上的地理关联。

附　　录

附录 1　　　　　　中国工业部门行业编号

行业名称	行业编号	行业名称	行业编号
(一) 采掘业	B	化学原料及化学制品制造业	C14
煤炭开采和洗选业	B1	医药制造业	C15
石油和天然气开采业	B2	化学纤维制造业	C16
黑色金属矿采选业	B3	橡胶制品业	C17
有色金属矿采选业	B4	塑料制品业	C18
非金属矿采选业	B5	非金属矿物制品业	C19
其他采矿业	B6	黑色金属冶炼及压延加工业	C20
(二) 制造业	C	有色金属冶炼及压延加工业	C21
农副食品加工业	C1	金属制品业	C22
食品制造业	C2	通用设备制造业	C23
饮料制造业	C3	专用设备制造业	C24
烟草制品业	C4	交通运输设备制造业	C25
纺织业	C5	电气机械及器材制造业	C26
纺织服装、鞋、帽制造业	C6	通信设备、计算机及其他电子设备制造业	C27
皮革、毛皮、羽毛（绒）及其制品业	C7	仪器仪表及文化、办公用机械制造业	C28
木材加工及木、竹、藤、棕、草制品业	C8	工艺品及其他制造业	C29
家具制造业	C9	废弃资源和废旧材料回收加工业	C30
造纸及纸制品业	C10	(三)电力、煤气及水生产和供应业	D
印刷业和记录媒介的复制业	C11	电力、热力的生产和供应业	D1
文教体育用品制造业	C12	燃气生产和供应业	D2
石油加工、炼焦及核燃料加工业	C13	水的生产和供应业	D3

资料来源：中华人民共和国国家统计局。

附录2 **行业的要素密集度分类标准**

行业名称	要素密集度
煤炭开采和洗选业	资源密集型
石油和天然气开采业	资源密集型
黑色金属矿采选业	资源密集型
有色金属矿采选业	资源密集型
非金属矿采选业	资源密集型
其他采矿业	资源密集型
农副食品加工业	资源密集型
食品制造业	资源密集型
饮料制造业	资源密集型
烟草制品业	资源密集型
纺织业	劳动密集型
纺织服装、鞋、帽制造业	劳动密集型
皮革、毛皮、羽毛（绒）及其制品业	劳动密集型
木材加工及木、竹、藤、棕、草制品业	资源密集型
家具制造业	劳动密集型
造纸及纸制品业	劳动密集型
印刷业和记录媒介的复制	劳动密集型
文教体育用品制造业	资本密集型
石油加工、炼焦及核燃料加工业	资本密集型
化学原料及化学制品制造业	资本密集型
医药制造业	资本密集型
化学纤维制造业	资本密集型
橡胶制品业	劳动密集型
塑料制品业	资本密集型
非金属矿物制品业	劳动密集型
黑色金属冶炼及压延加工业	资本密集型
有色金属冶炼及压延加工业	资本密集型
金属制品业	劳动密集型
通用设备制造业	资本密集型
专用设备制造业	资本密集型
交通运输设备制造业	资本密集型
电气机械及器材制造业	资本密集型
通信设备、计算机及其他电子设备制造业	资本密集型
仪器仪表及文化、办公用机械制造业	资本密集型

续表

行业名称	要素密集度
工艺品及其他制造业	劳动密集型
废弃资源和废旧材料回收加工业	劳动密集型
电力、热力的生产和供应业	资源密集型
燃气生产和供应业	资源密集型
水的生产和供应业	资源密集型

资料来源：笔者借鉴 OECD 划分标准，并结合文献（黄先海，2006；陈晓华和范良聪，2011）整理而来。

附录 3　**投入产出表——直接消耗系数表**

（根据 2007 年不变价格计算）

		农林牧渔业	煤炭开采和洗选业	石油和天然气开采业	金属矿采选业
中间投入	农林牧渔业	0. 1407	0. 0073	0. 0000	0. 0011
	煤炭开采和洗选业	0. 0005	0. 1006	0. 0024	0. 0042
	石油和天然气开采业	0. 0000	0. 0009	0. 0135	0. 0113
	金属矿采选业	0. 0000	0. 0000	0. 0000	0. 1031
	非金属矿及其他矿采选业	0. 0001	0. 0004	0. 0005	0. 0010
	食品制造及烟草加工业	0. 0962	0. 0020	0. 0020	0. 0024
	纺织业	0. 0001	0. 0003	0. 0008	0. 0006
	纺织服装鞋帽皮革羽绒及其制品业	0. 0004	0. 0040	0. 0039	0. 0044
	木材加工及家具制造业	0. 0010	0. 0085	0. 0041	0. 0032
	造纸印刷及文教体育用品制造业	0. 0009	0. 0013	0. 0023	0. 0021
	石油加工、炼焦及核燃料加工业	0. 0081	0. 0141	0. 0377	0. 0613
	化学工业	0. 0763	0. 0178	0. 0262	0. 0468
	非金属矿物制品业	0. 0014	0. 0103	0. 0086	0. 0084
	金属冶炼及压延加工业	0. 0002	0. 0490	0. 0514	0. 0146
	金属制品业	0. 0027	0. 0229	0. 0083	0. 0234
	通用、专用设备制造业	0. 0064	0. 0600	0. 0600	0. 0707
	交通运输设备制造业	0. 0037	0. 0090	0. 0076	0. 0117
	电气机械及器材制造业	0. 0003	0. 0193	0. 0106	0. 0154
	通信设备、计算机及其他电子设备制造业	0. 0001	0. 0023	0. 0017	0. 0020

续表

		农林牧渔业	煤炭开采和洗选业	石油和天然气开采业	金属矿采选业
中间投入	仪器仪表及文化办公用机械制造业	0.0003	0.0069	0.0141	0.0042
	工艺品及其他制造业	0.0011	0.0040	0.0014	0.0045
	废品废料	0.0001	0.0001	0.0000	0.0007
	电力、热力的生产和供应业	0.0094	0.0625	0.0700	0.1348
	燃气生产和供应业	0.0000	0.0004	0.0012	0.0051
	水的生产和供应业	0.0002	0.0013	0.0013	0.0015
	建筑业	0.0002	0.0013	0.0011	0.0004
	交通运输及仓储业	0.0157	0.0515	0.0182	0.0477
	邮政业	0.0007	0.0003	0.0002	0.0002
	信息传输、计算机服务和软件业	0.0035	0.0028	0.0019	0.0015
	批发和零售业	0.0148	0.0116	0.0096	0.0115
	住宿和餐饮业	0.0026	0.0121	0.0086	0.0115
	金融业	0.0083	0.0209	0.0115	0.0116
	房地产业	0.0002	0.0014	0.0005	0.0006
	租赁和商务服务业	0.0015	0.0043	0.0013	0.0031
	研究与试验发展业	0.0015	0.0015	0.0019	0.0003
	综合技术服务业	0.0063	0.0087	0.0100	0.0113
	水利、环境和公共设施管理业	0.0020	0.0013	0.0009	0.0007
	居民服务和其他服务业	0.0038	0.0098	0.0049	0.0028
	教育	0.0010	0.0025	0.0005	0.0010
	卫生、社会保障和社会福利业	0.0009	0.0035	0.0005	0.0025
	文化、体育和娱乐业	0.0003	0.0016	0.0011	0.0027
	公共管理和社会组织	0.0003	0.0002	0.0003	0.0002
	中间投入合计	0.4138	0.5408	0.4026	0.6482
增加值	劳动者报酬	0.5559	0.2203	0.1369	0.1328
	生产税净额	0.0010	0.0762	0.1233	0.0579
	固定资产折旧	0.0292	0.0513	0.0621	0.0337
	营业盈余	0.0000	0.1114	0.2752	0.1274
	增加值合计	0.5862	0.4592	0.5974	0.3518
总投入		1.0000	1.0000	1.0000	1.0000

续表

		非金属矿及其他矿采选业	食品制造及烟草加工业	纺织业	纺织服装鞋帽皮革羽绒及其制品业
中间投入	农林牧渔业	0.0003	0.3816	0.1436	0.0438
	煤炭开采和洗选业	0.0023	0.0022	0.0041	0.0024
	石油和天然气开采业	0.0122	0.0011	0.0010	0.0009
	金属矿采选业	0.0000	0.0000	0.0000	0.0000
	非金属矿及其他矿采选业	0.0670	0.0003	0.0000	0.0000
	食品制造及烟草加工业	0.0029	0.1904	0.0071	0.0499
	纺织业	0.0006	0.0005	0.3833	0.3276
	纺织服装鞋帽皮革羽绒及其制品业	0.0044	0.0013	0.0167	0.1555
	木材加工及家具制造业	0.0019	0.0011	0.0008	0.0017
	造纸印刷及文教体育用品制造业	0.0023	0.0211	0.0093	0.0139
	石油加工、炼焦及核燃料加工业	0.0405	0.0031	0.0035	0.0059
	化学工业	0.1061	0.0294	0.1203	0.0577
	非金属矿物制品业	0.0386	0.0068	0.0023	0.0013
	金属冶炼及压延加工业	0.0074	0.0011	0.0007	0.0014
	金属制品业	0.0092	0.0047	0.0018	0.0043
	通用、专用设备制造业	0.0575	0.0034	0.0123	0.0066
	交通运输设备制造业	0.0141	0.0013	0.0021	0.0016
	电气机械及器材制造业	0.0111	0.0016	0.0024	0.0020
	通信设备、计算机及其他电子设备制造业	0.0016	0.0005	0.0010	0.0015
	仪器仪表及文化办公用机械制造业	0.0027	0.0007	0.0008	0.0005
	工艺品及其他制造业	0.0061	0.0015	0.0028	0.0036
	废品废料	0.0085	0.0008	0.0012	0.0004

续表

		非金属矿及其他矿采选业	食品制造及烟草加工业	纺织业	纺织服装鞋帽皮革羽绒及其制品业
中间投入	电力、热力的生产和供应业	0.0652	0.0108	0.0225	0.0060
	燃气生产和供应业	0.0053	0.0005	0.0005	0.0003
	水的生产和供应业	0.0016	0.0006	0.0011	0.0007
	建筑业	0.0003	0.0003	0.0002	0.0003
	交通运输及仓储业	0.0643	0.0264	0.0165	0.0200
	邮政业	0.0003	0.0002	0.0006	0.0016
	信息传输、计算机服务和软件业	0.0022	0.0018	0.0017	0.0038
	批发和零售业	0.0137	0.0239	0.0147	0.0149
	住宿和餐饮业	0.0142	0.0054	0.0037	0.0049
	金融业	0.0135	0.0094	0.0140	0.0094
	房地产业	0.0012	0.0017	0.0026	0.0085
	租赁和商务服务业	0.0031	0.0135	0.0030	0.0165
	研究与试验发展业	0.0002	0.0008	0.0005	0.0004
	综合技术服务业	0.0083	0.0025	0.0016	0.0022
	水利、环境和公共设施管理业	0.0025	0.0003	0.0013	0.0001
	居民服务和其他服务业	0.0045	0.0015	0.0011	0.0018
	教育	0.0030	0.0004	0.0003	0.0003
	卫生、社会保障和社会福利业	0.0027	0.0007	0.0006	0.0009
	文化、体育和娱乐业	0.0043	0.0011	0.0011	0.0016
	公共管理和社会组织	0.0002	0.0001	0.0001	0.0001
	中间投入合计	0.6078	0.7564	0.8049	0.7769
增加值	劳动者报酬	0.1601	0.0740	0.0733	0.1049
	生产税净额	0.0649	0.0776	0.0427	0.0459
	固定资产折旧	0.0533	0.0336	0.0232	0.0144
	营业盈余	0.1138	0.0584	0.0558	0.0579
	增加值合计	0.3922	0.2436	0.1951	0.2231
总投入		1.0000	1.0000	1.0000	1.0000

续表

		木材加工及家具制造业	造纸印刷及文教体育用品制造业	石油加工、炼焦及核燃料加工业	化学工业
中间投入	农林牧渔业	0.1201	0.0372	0.0000	0.0269
	煤炭开采和洗选业	0.0051	0.0053	0.0531	0.0129
	石油和天然气开采业	0.0003	0.0005	0.5643	0.0231
	金属矿采选业	0.0000	0.0000	0.0000	0.0035
	非金属矿及其他矿采选业	0.0000	0.0000	0.0001	0.0165
	食品制造及烟草加工业	0.0048	0.0037	0.0058	0.0148
	纺织业	0.0104	0.0184	0.0001	0.0072
	纺织服装鞋帽皮革羽绒及其制品业	0.0194	0.0075	0.0005	0.0023
	木材加工及家具制造业	0.2898	0.0212	0.0004	0.0015
	造纸印刷及文教体育用品制造业	0.0150	0.2855	0.0007	0.0132
	石油加工、炼焦及核燃料加工业	0.0054	0.0052	0.0576	0.0635
	化学工业	0.0884	0.1386	0.0187	0.4164
	非金属矿物制品业	0.0091	0.0028	0.0041	0.0069
	金属冶炼及压延加工业	0.0243	0.0127	0.0008	0.0094
	金属制品业	0.0250	0.0152	0.0041	0.0083
	通用、专用设备制造业	0.0149	0.0135	0.0164	0.0152
	交通运输设备制造业	0.0048	0.0082	0.0029	0.0033
	电气机械及器材制造业	0.0035	0.0072	0.0015	0.0028
	通信设备、计算机及其他电子设备制造业	0.0005	0.0103	0.0002	0.0007
	仪器仪表及文化办公用机械制造业	0.0008	0.0023	0.0019	0.0041
	工艺品及其他制造业	0.0036	0.0045	0.0005	0.0025
	废品废料	0.0028	0.0522	0.0002	0.0040
	电力、热力的生产和供应业	0.0224	0.0225	0.0229	0.0472
	燃气生产和供应业	0.0004	0.0003	0.0017	0.0023

续表

		木材加工及家具制造业	造纸印刷及文教体育用品制造业	石油加工、炼焦及核燃料加工业	化学工业
中间投入	水的生产和供应业	0.0010	0.0032	0.0006	0.0016
	建筑业	0.0002	0.0002	0.0006	0.0003
	交通运输及仓储业	0.0305	0.0221	0.0245	0.0245
	邮政业	0.0007	0.0005	0.0000	0.0006
	信息传输、计算机服务和软件业	0.0032	0.0021	0.0040	0.0032
	批发和零售业	0.0201	0.0213	0.0144	0.0165
	住宿和餐饮业	0.0051	0.0047	0.0021	0.0051
	金融业	0.0129	0.0125	0.0071	0.0131
	房地产业	0.0044	0.0040	0.0002	0.0020
	租赁和商务服务业	0.0074	0.0064	0.0053	0.0109
	研究与试验发展业	0.0005	0.0005	0.0003	0.0019
	综合技术服务业	0.0013	0.0032	0.0016	0.0037
	水利、环境和公共设施管理业	0.0001	0.0016	0.0003	0.0006
	居民服务和其他服务业	0.0012	0.0020	0.0013	0.0023
	教育	0.0004	0.0003	0.0001	0.0003
	卫生、社会保障和社会福利业	0.0011	0.0015	0.0004	0.0008
	文化、体育和娱乐业	0.0012	0.0011	0.0003	0.0011
	公共管理和社会组织	0.0001	0.0001	0.0001	0.0001
	中间投入合计	0.7623	0.7618	0.8220	0.7969
增加值	劳动者报酬	0.0944	0.0831	0.0520	0.0610
	生产税净额	0.0491	0.0532	0.0502	0.0390
	固定资产折旧	0.0179	0.0366	0.0334	0.0289
	营业盈余	0.0762	0.0653	0.0425	0.0742
	增加值合计	0.2377	0.2382	0.1780	0.2031
总投入		1.0000	1.0000	1.0000	1.0000

续表

		非金属矿物制品业	金属冶炼及压延加工业	金属制品业	通用、专用设备制造业
中间投入	农林牧渔业	0.0004	0.0001	0.0002	0.0001
	煤炭开采和洗选业	0.0499	0.0193	0.0028	0.0033
	石油和天然气开采业	0.0065	0.0029	0.0015	0.0009
	金属矿采选业	0.0019	0.1435	0.0084	0.0025
	非金属矿及其他矿采选业	0.0684	0.0026	0.0032	0.0006
	食品制造及烟草加工业	0.0034	0.0032	0.0030	0.0031
	纺织业	0.0022	0.0001	0.0015	0.0012
	纺织服装鞋帽皮革羽绒及其制品业	0.0026	0.0022	0.0028	0.0020
	木材加工及家具制造业	0.0064	0.0007	0.0150	0.0030
	造纸印刷及文教体育用品制造业	0.0229	0.0009	0.0091	0.0041
	石油加工、炼焦及核燃料加工业	0.0304	0.0460	0.0097	0.0100
	化学工业	0.0761	0.0130	0.0394	0.0341
	非金属矿物制品业	0.1659	0.0136	0.0103	0.0055
	金属冶炼及压延加工业	0.0243	0.3367	0.3560	0.2124
	金属制品业	0.0280	0.0104	0.1253	0.0423
	通用、专用设备制造业	0.0288	0.0317	0.0473	0.2150
	交通运输设备制造业	0.0056	0.0061	0.0090	0.0152
	电气机械及器材制造业	0.0042	0.0035	0.0084	0.0534
	通信设备、计算机及其他电子设备制造业	0.0007	0.0003	0.0013	0.0235
	仪器仪表及文化办公用机械制造业	0.0022	0.0026	0.0016	0.0053
	工艺品及其他制造业	0.0041	0.0026	0.0034	0.0069
	废品废料	0.0147	0.0421	0.0084	0.0118
	电力、热力的生产和供应业	0.0630	0.0469	0.0460	0.0229
	燃气生产和供应业	0.0011	0.0013	0.0009	0.0008
	水的生产和供应业	0.0014	0.0011	0.0012	0.0005

续表

		非金属矿物制品业	金属冶炼及压延加工业	金属制品业	通用、专用设备制造业
中间投入	建筑业	0.0003	0.0003	0.0002	0.0003
	交通运输及仓储业	0.0394	0.0209	0.0201	0.0231
	邮政业	0.0002	0.0002	0.0002	0.0008
	信息传输、计算机服务和软件业	0.0018	0.0089	0.0023	0.0027
	批发和零售业	0.0208	0.0156	0.0192	0.0232
	住宿和餐饮业	0.0066	0.0032	0.0103	0.0066
	金融业	0.0230	0.0126	0.0074	0.0087
	房地产业	0.0021	0.0002	0.0037	0.0025
	租赁和商务服务业	0.0048	0.0012	0.0029	0.0066
	研究与试验发展业	0.0006	0.0014	0.0006	0.0031
	综合技术服务业	0.0026	0.0023	0.0034	0.0040
	水利、环境和公共设施管理业	0.0003	0.0003	0.0001	0.0002
	居民服务和其他服务业	0.0033	0.0026	0.0017	0.0014
	教育	0.0004	0.0002	0.0003	0.0008
	卫生、社会保障和社会福利业	0.0022	0.0011	0.0028	0.0034
	文化、体育和娱乐业	0.0015	0.0006	0.0009	0.0014
	公共管理和社会组织	0.0001	0.0001	0.0001	0.0001
	中间投入合计	0.7253	0.8048	0.7918	0.7691
增加值	劳动者报酬	0.0963	0.0511	0.0706	0.0851
	生产税净额	0.0593	0.0513	0.0419	0.0470
	固定资产折旧	0.0359	0.0279	0.0244	0.0227
	营业盈余	0.0832	0.0649	0.0713	0.0762
	增加值合计	0.2747	0.1952	0.2082	0.2309
总投入		1.0000	1.0000	1.0000	1.0000

续表

		交通运输设备制造业	电气机械及器材制造业	通信设备、计算机及其他电子设备制造业	仪器仪表及文化办公用机械制造业
中间投入	农林牧渔业	0.0000	0.0000	0.0000	0.0000
	煤炭开采和洗选业	0.0008	0.0005	0.0001	0.0016
	石油和天然气开采业	0.0007	0.0005	0.0003	0.0001
	金属矿采选业	0.0003	0.0009	0.0000	0.0009
	非金属矿及其他矿采选业	0.0002	0.0003	0.0000	0.0001
	食品制造及烟草加工业	0.0029	0.0034	0.0032	0.0031
	纺织业	0.0017	0.0018	0.0002	0.0013
	纺织服装鞋帽皮革羽绒及其制品业	0.0098	0.0020	0.0016	0.0028
	木材加工及家具制造业	0.0091	0.0023	0.0014	0.0025
	造纸印刷及文教体育用品制造业	0.0033	0.0104	0.0082	0.0111
	石油加工、炼焦及核燃料加工业	0.0043	0.0046	0.0025	0.0031
	化学工业	0.0535	0.0847	0.0626	0.1013
	非金属矿物制品业	0.0065	0.0161	0.0160	0.0330
	金属冶炼及压延加工业	0.1147	0.2813	0.0286	0.0340
	金属制品业	0.0164	0.0458	0.0256	0.0390
	通用、专用设备制造业	0.0929	0.0462	0.0112	0.0273
	交通运输设备制造业	0.3301	0.0027	0.0034	0.0057
	电气机械及器材制造业	0.0360	0.1431	0.0310	0.0588
	通信设备、计算机及其他电子设备制造业	0.0114	0.0613	0.5239	0.2564
	仪器仪表及文化办公用机械制造业	0.0101	0.0052	0.0050	0.1028
	工艺品及其他制造业	0.0028	0.0048	0.0029	0.0103
	废品废料	0.0006	0.0086	0.0009	0.0001
	电力、热力的生产和供应业	0.0111	0.0105	0.0101	0.0081
	燃气生产和供应业	0.0005	0.0005	0.0004	0.0005

续表

		交通运输设备制造业	电气机械及器材制造业	通信设备、计算机及其他电子设备制造业	仪器仪表及文化办公用机械制造业
中间投入	水的生产和供应业	0.0007	0.0005	0.0005	0.0010
	建筑业	0.0003	0.0002	0.0002	0.0002
	交通运输及仓储业	0.0166	0.0198	0.0127	0.0173
	邮政业	0.0002	0.0006	0.0003	0.0009
	信息传输、计算机服务和软件业	0.0017	0.0025	0.0079	0.0033
	批发和零售业	0.0289	0.0230	0.0283	0.0221
	住宿和餐饮业	0.0036	0.0061	0.0025	0.0075
	金融业	0.0065	0.0093	0.0215	0.0064
	房地产业	0.0012	0.0025	0.0020	0.0040
	租赁和商务服务业	0.0097	0.0165	0.0084	0.0091
	研究与试验发展业	0.0063	0.0031	0.0058	0.0042
	综合技术服务业	0.0045	0.0033	0.0028	0.0040
	水利、环境和公共设施管理业	0.0002	0.0002	0.0001	0.0001
	居民服务和其他服务业	0.0013	0.0009	0.0006	0.0009
	教育	0.0004	0.0003	0.0002	0.0004
	卫生、社会保障和社会福利业	0.0023	0.0021	0.0007	0.0020
	文化、体育和娱乐业	0.0009	0.0010	0.0008	0.0010
	公共管理和社会组织	0.0001	0.0001	0.0001	0.0001
	中间投入合计	0.8052	0.8296	0.8347	0.7884
增加值	劳动者报酬	0.0767	0.0502	0.0570	0.0822
	生产税净额	0.0491	0.0354	0.0312	0.0413
	固定资产折旧	0.0232	0.0140	0.0263	0.0190
	营业盈余	0.0458	0.0709	0.0507	0.0692
	增加值合计	0.1948	0.1704	0.1653	0.2116
总投入		1.0000	1.0000	1.0000	1.0000

续表

		工艺品及其他制造业	废品废料	电力、热力的生产和供应业	燃气生产和供应业
中间投入	农林牧渔业	0.1063	0.0002	0.0000	0.0001
	煤炭开采和洗选业	0.0056	0.0011	0.1049	0.0630
	石油和天然气开采业	0.0006	0.0001	0.0114	0.5001
	金属矿采选业	0.0002	0.0015	0.0000	0.0000
	非金属矿及其他矿采选业	0.0025	0.0001	0.0002	0.0000
	食品制造及烟草加工业	0.0126	0.0010	0.0030	0.0033
	纺织业	0.0889	0.0001	0.0000	0.0001
	纺织服装鞋帽皮革羽绒及其制品业	0.0146	0.0002	0.0032	0.0098
	木材加工及家具制造业	0.0295	0.0001	0.0006	0.0010
	造纸印刷及文教体育用品制造业	0.0206	0.0002	0.0019	0.0022
	石油加工、炼焦及核燃料加工业	0.0072	0.0018	0.0405	0.0216
	化学工业	0.0948	0.0222	0.0030	0.0055
	非金属矿物制品业	0.0200	0.0021	0.0020	0.0019
	金属冶炼及压延加工业	0.1035	0.0096	0.0009	0.0021
	金属制品业	0.0501	0.0011	0.0046	0.0082
	通用、专用设备制造业	0.0041	0.0006	0.0098	0.0071
	交通运输设备制造业	0.0134	0.0002	0.0111	0.0196
	电气机械及器材制造业	0.0069	0.0015	0.0525	0.0021
	通信设备、计算机及其他电子设备制造业	0.0028	0.0001	0.0007	0.0006
	仪器仪表及文化办公用机械制造业	0.0023	0.0001	0.0188	0.0058
	工艺品及其他制造业	0.0567	0.0001	0.0006	0.0006
	废品废料	0.0031	0.1244	0.0001	0.0000
	电力、热力的生产和供应业	0.0178	0.0050	0.3587	0.0167
	燃气生产和供应业	0.0009	0.0002	0.0011	0.0443
	水的生产和供应业	0.0011	0.0003	0.0019	0.0007

续表

		工艺品及其他制造业	废品废料	电力、热力的生产和供应业	燃气生产和供应业
中间投入	建筑业	0.0002	0.0001	0.0003	0.0006
	交通运输及仓储业	0.0225	0.0061	0.0114	0.0238
	邮政业	0.0003	0.0000	0.0001	0.0001
	信息传输、计算机服务和软件业	0.0055	0.0002	0.0057	0.0013
	批发和零售业	0.0201	0.0040	0.0075	0.0142
	住宿和餐饮业	0.0065	0.0007	0.0025	0.0036
	金融业	0.0106	0.0035	0.0356	0.0245
	房地产业	0.0065	0.0003	0.0004	0.0009
	租赁和商务服务业	0.0068	0.0005	0.0034	0.0030
	研究与试验发展业	0.0009	0.0001	0.0006	0.0002
	综合技术服务业	0.0017	0.0003	0.0059	0.0015
	水利、环境和公共设施管理业	0.0002	0.0001	0.0016	0.0004
	居民服务和其他服务业	0.0007	0.0013	0.0091	0.0031
	教育	0.0004	0.0000	0.0004	0.0006
	卫生、社会保障和社会福利业	0.0003	0.0002	0.0016	0.0035
	文化、体育和娱乐业	0.0012	0.0001	0.0023	0.0017
	公共管理和社会组织	0.0001	0.0000	0.0001	0.0001
	中间投入合计	0.7505	0.1913	0.7202	0.7997
增加值	劳动者报酬	0.1105	0.0121	0.0666	0.0840
	生产税净额	0.0534	0.0052	0.0363	0.0141
	固定资产折旧	0.0204	0.0044	0.1203	0.0789
	营业盈余	0.0651	0.7871	0.0565	0.0233
	增加值合计	0.2495	0.8087	0.2798	0.2003
总投入		1.0000	1.0000	1.0000	1.0000

续表

		水的生产和供应业	建筑业	交通运输及仓储业	邮政业
中间投入	农林牧渔业	0.0000	0.0041	0.0120	0.0000
	煤炭开采和洗选业	0.0010	0.0009	0.0021	0.0013
	石油和天然气开采业	0.0019	0.0000	0.0024	0.0000
	金属矿采选业	0.0000	0.0000	0.0000	0.0000
	非金属矿及其他矿采选业	0.0001	0.0133	0.0002	0.0000
	食品制造及烟草加工业	0.0028	0.0039	0.0077	0.0021
	纺织业	0.0003	0.0007	0.0012	0.0012
	纺织服装鞋帽皮革羽绒及其制品业	0.0053	0.0036	0.0064	0.0059
	木材加工及家具制造业	0.0016	0.0175	0.0011	0.0040
	造纸印刷及文教体育用品制造业	0.0028	0.0017	0.0028	0.0238
	石油加工、炼焦及核燃料加工业	0.0086	0.0202	0.1864	0.0338
	化学工业	0.0530	0.0391	0.0132	0.0027
	非金属矿物制品业	0.0030	0.2126	0.0016	0.0027
	金属冶炼及压延加工业	0.0012	0.1565	0.0037	0.0000
	金属制品业	0.0287	0.0362	0.0035	0.0006
	通用、专用设备制造业	0.0115	0.0292	0.0205	0.0086
	交通运输设备制造业	0.0136	0.0047	0.0665	0.0861
	电气机械及器材制造业	0.0038	0.0417	0.0025	0.0015
	通信设备、计算机及其他电子设备制造业	0.0011	0.0029	0.0028	0.0082
	仪器仪表及文化办公用机械制造业	0.0062	0.0033	0.0013	0.0011
	工艺品及其他制造业	0.0011	0.0030	0.0009	0.0020
	废品废料	0.0000	0.0000	0.0000	0.0000
	电力、热力的生产和供应业	0.1961	0.0132	0.0111	0.0141
	燃气生产和供应业	0.0032	0.0001	0.0010	0.0007
	水的生产和供应业	0.0347	0.0004	0.0008	0.0021

续表

		水的生产和供应业	建筑业	交通运输及仓储业	邮政业
中间投入	建筑业	0.0012	0.0095	0.0031	0.0316
	交通运输及仓储业	0.0087	0.0753	0.0682	0.0961
	邮政业	0.0003	0.0002	0.0002	0.0340
	信息传输、计算机服务和软件业	0.0038	0.0150	0.0090	0.0173
	批发和零售业	0.0063	0.0234	0.0113	0.0593
	住宿和餐饮业	0.0076	0.0089	0.0121	0.0063
	金融业	0.0528	0.0088	0.0498	0.0089
	房地产业	0.0006	0.0006	0.0034	0.0122
	租赁和商务服务业	0.0043	0.0035	0.0046	0.0303
	研究与试验发展业	0.0002	0.0007	0.0003	0.0004
	综合技术服务业	0.0012	0.0100	0.0010	0.0001
	水利、环境和公共设施管理业	0.0501	0.0000	0.0003	0.0000
	居民服务和其他服务业	0.0103	0.0016	0.0192	0.0014
	教育	0.0022	0.0003	0.0019	0.0022
	卫生、社会保障和社会福利业	0.0003	0.0004	0.0007	0.0002
	文化、体育和娱乐业	0.0034	0.0014	0.0018	0.0064
	公共管理和社会组织	0.0002	0.0001	0.0002	0.0003
	中间投入合计	0.5351	0.7686	0.5387	0.5095
增加值	劳动者报酬	0.2072	0.1181	0.1194	0.3764
	生产税净额	0.0634	0.0287	0.0437	0.0462
	固定资产折旧	0.1680	0.0124	0.0863	0.1341
	营业盈余	0.0263	0.0723	0.2119	-0.0662
	增加值合计	0.4649	0.2314	0.4613	0.4905
总投入		1.0000	1.0000	1.0000	1.0000

续表

		信息传输、计算机服务和软件业	批发和零售业	住宿和餐饮业	金融业
中间投入	农林牧渔业	0.0000	0.0003	0.1199	0.0000
	煤炭开采和洗选业	0.0000	0.0003	0.0006	0.0000
	石油和天然气开采业	0.0000	0.0000	0.0025	0.0000
	金属矿采选业	0.0000	0.0000	0.0000	0.0000
	非金属矿及其他矿采选业	0.0000	0.0000	0.0000	0.0000
	食品制造及烟草加工业	0.0021	0.0067	0.2970	0.0021
	纺织业	0.0001	0.0015	0.0054	0.0001
	纺织服装鞋帽皮革羽绒及其制品业	0.0017	0.0107	0.0035	0.0022
	木材加工及家具制造业	0.0008	0.0041	0.0019	0.0008
	造纸印刷及文教体育用品制造业	0.0219	0.0176	0.0045	0.0257
	石油加工、炼焦及核燃料加工业	0.0016	0.0044	0.0061	0.0063
	化学工业	0.0039	0.0114	0.0088	0.0028
	非金属矿物制品业	0.0002	0.0003	0.0017	0.0001
	金属冶炼及压延加工业	0.0000	0.0006	0.0001	0.0000
	金属制品业	0.0016	0.0005	0.0016	0.0007
	通用、专用设备制造业	0.0074	0.0029	0.0016	0.0028
	交通运输设备制造业	0.0067	0.0166	0.0043	0.0031
	电气机械及器材制造业	0.0653	0.0095	0.0086	0.0015
	通信设备、计算机及其他电子设备制造业	0.0631	0.0061	0.0007	0.0008
	仪器仪表及文化办公用机械制造业	0.0155	0.0005	0.0001	0.0040
	工艺品及其他制造业	0.0009	0.0010	0.0008	0.0007
	废品废料	0.0000	0.0000	0.0000	0.0000
	电力、热力的生产和供应业	0.0219	0.0152	0.0254	0.0086
	燃气生产和供应业	0.0005	0.0003	0.0028	0.0000
	水的生产和供应业	0.0017	0.0008	0.0034	0.0007

续表

		信息传输、计算机服务和软件业	批发和零售业	住宿和餐饮业	金融业
中间投入	建筑业	0.0014	0.0031	0.0025	0.0013
	交通运输及仓储业	0.0176	0.0893	0.0132	0.0201
	邮政业	0.0011	0.0008	0.0017	0.0029
	信息传输、计算机服务和软件业	0.0339	0.0110	0.0039	0.0254
	批发和零售业	0.0270	0.0065	0.0279	0.0039
	住宿和餐饮业	0.0151	0.0238	0.0082	0.0377
	金融业	0.0138	0.0396	0.0180	0.0642
	房地产业	0.0201	0.0241	0.0137	0.0264
	租赁和商务服务业	0.0346	0.0605	0.0148	0.0445
	研究与试验发展业	0.0013	0.0020	0.0000	0.0009
	综合技术服务业	0.0023	0.0042	0.0002	0.0005
	水利、环境和公共设施管理业	0.0003	0.0003	0.0004	0.0006
	居民服务和其他服务业	0.0070	0.0144	0.0139	0.0055
	教育	0.0025	0.0021	0.0009	0.0061
	卫生、社会保障和社会福利业	0.0003	0.0002	0.0003	0.0011
	文化、体育和娱乐业	0.0044	0.0054	0.0033	0.0058
	公共管理和社会组织	0.0003	0.0003	0.0002	0.0004
	中间投入合计	0.3997	0.3989	0.6243	0.3105
增加值	劳动者报酬	0.1136	0.1453	0.1038	0.1791
	生产税净额	0.0346	0.1458	0.0416	0.0778
	固定资产折旧	0.2508	0.0427	0.0360	0.0099
	营业盈余	0.2013	0.2673	0.1944	0.4226
	增加值合计	0.6003	0.6011	0.3757	0.6895
总投入		1.0000	1.0000	1.0000	1.0000

续表

		房地产业	租赁和商务服务业	研究与试验发展业	综合技术服务业
中间投入	农林牧渔业	0.0000	0.0017	0.0313	0.0030
	煤炭开采和洗选业	0.0001	0.0009	0.0011	0.0009
	石油和天然气开采业	0.0000	0.0001	0.0001	0.0001
	金属矿采选业	0.0000	0.0000	0.0079	0.0006
	非金属矿及其他矿采选业	0.0000	0.0000	0.0001	0.0000
	食品制造及烟草加工业	0.0020	0.0104	0.0150	0.0023
	纺织业	0.0007	0.0114	0.0174	0.0006
	纺织服装鞋帽皮革羽绒及其制品业	0.0031	0.0115	0.0070	0.0016
	木材加工及家具制造业	0.0008	0.0023	0.0030	0.0012
	造纸印刷及文教体育用品制造业	0.0041	0.0854	0.0101	0.0126
	石油加工、炼焦及核燃料加工业	0.0091	0.0292	0.0082	0.0190
	化学工业	0.0115	0.0324	0.0959	0.0201
	非金属矿物制品业	0.0002	0.0004	0.0067	0.0017
	金属冶炼及压延加工业	0.0006	0.0006	0.0045	0.0066
	金属制品业	0.0076	0.0230	0.0226	0.0188
	通用、专用设备制造业	0.0025	0.0060	0.0135	0.0076
	交通运输设备制造业	0.0039	0.0364	0.0082	0.0138
	电气机械及器材制造业	0.0081	0.0694	0.0416	0.0410
	通信设备、计算机及其他电子设备制造业	0.0027	0.0778	0.0472	0.0460
	仪器仪表及文化办公用机械制造业	0.0027	0.0048	0.0444	0.0408
	工艺品及其他制造业	0.0009	0.0053	0.0039	0.0020
	废品废料	0.0000	0.0000	0.0000	0.0000
	电力、热力的生产和供应业	0.0041	0.0085	0.0179	0.0063
	燃气生产和供应业	0.0001	0.0008	0.0003	0.0002
	水的生产和供应业	0.0002	0.0009	0.0022	0.0017

续表

		房地产业	租赁和商务服务业	研究与试验发展业	综合技术服务业
中间投入	建筑业	0.0122	0.0008	0.0029	0.0025
	交通运输及仓储业	0.0037	0.0420	0.0259	0.0373
	邮政业	0.0004	0.0011	0.0015	0.0011
	信息传输、计算机服务和软件业	0.0028	0.0036	0.0054	0.0046
	批发和零售业	0.0029	0.0205	0.0180	0.0105
	住宿和餐饮业	0.0109	0.0649	0.0307	0.0381
	金融业	0.0248	0.0400	0.0045	0.0283
	房地产业	0.0089	0.0131	0.0040	0.0092
	租赁和商务服务业	0.0219	0.0406	0.0081	0.0133
	研究与试验发展业	0.0001	0.0004	0.0206	0.0019
	综合技术服务业	0.0011	0.0006	0.0111	0.0482
	水利、环境和公共设施管理业	0.0002	0.0072	0.0006	0.0002
	居民服务和其他服务业	0.0062	0.0170	0.0032	0.0100
	教育	0.0004	0.0012	0.0081	0.0024
	卫生、社会保障和社会福利业	0.0003	0.0002	0.0033	0.0012
	文化、体育和娱乐业	0.0038	0.0043	0.0057	0.0049
	公共管理和社会组织	0.0004	0.0002	0.0002	0.0003
	中间投入合计	0.1662	0.6769	0.5638	0.4624
增加值	劳动者报酬	0.0906	0.1118	0.2596	0.2810
	生产税净额	0.1282	0.0335	0.0113	0.0479
	固定资产折旧	0.4338	0.0710	0.0466	0.0645
	营业盈余	0.1812	0.1068	0.1187	0.1442
	增加值合计	0.8338	0.3231	0.4362	0.5376
总投入		1.0000	1.0000	1.0000	1.0000

续表

		水利、环境和公共设施管理业	居民服务和其他服务业	教育	卫生、社会保障和社会福利业
中间投入	农林牧渔业	0.0475	0.0101	0.0028	0.0054
	煤炭开采和洗选业	0.0030	0.0033	0.0024	0.0041
	石油和天然气开采业	0.0012	0.0003	0.0000	0.0002
	金属矿采选业	0.0009	0.0000	0.0000	0.0000
	非金属矿及其他矿采选业	0.0004	0.0000	0.0006	0.0006
	食品制造及烟草加工业	0.0079	0.0238	0.0124	0.0105
	纺织业	0.0033	0.0158	0.0028	0.0076
	纺织服装鞋帽皮革羽绒及其制品业	0.0105	0.0077	0.0019	0.0104
	木材加工及家具制造业	0.0095	0.0125	0.0201	0.0104
	造纸印刷及文教体育用品制造业	0.0049	0.0181	0.0466	0.0176
	石油加工、炼焦及核燃料加工业	0.0292	0.0199	0.0130	0.0052
	化学工业	0.0527	0.0904	0.0146	0.3586
	非金属矿物制品业	0.0101	0.0011	0.0077	0.0074
	金属冶炼及压延加工业	0.0054	0.0030	0.0012	0.0001
	金属制品业	0.0051	0.0056	0.0035	0.0029
	通用、专用设备制造业	0.0160	0.0026	0.0033	0.0501
	交通运输设备制造业	0.0293	0.0502	0.0112	0.0016
	电气机械及器材制造业	0.0217	0.0197	0.0051	0.0047
	通信设备、计算机及其他电子设备制造业	0.0174	0.0330	0.0069	0.0014
	仪器仪表及文化办公用机械制造业	0.0099	0.0155	0.0239	0.0035
	工艺品及其他制造业	0.0037	0.0084	0.0027	0.0017
	废品废料	0.0000	0.0000	0.0000	0.0000
	电力、热力的生产和供应业	0.0209	0.0117	0.0295	0.0157
	燃气生产和供应业	0.0007	0.0007	0.0010	0.0006
	水的生产和供应业	0.0021	0.0028	0.0035	0.0014

续表

		水利、环境和公共设施管理业	居民服务和其他服务业	教育	卫生、社会保障和社会福利业
中间投入	建筑业	0.0181	0.0076	0.0072	0.0245
	交通运输及仓储业	0.0123	0.0173	0.0280	0.0054
	邮政业	0.0007	0.0015	0.0034	0.0005
	信息传输、计算机服务和软件业	0.0066	0.0039	0.0140	0.0133
	批发和零售业	0.0108	0.0191	0.0117	0.0406
	住宿和餐饮业	0.0162	0.0159	0.0378	0.0120
	金融业	0.0373	0.0223	0.0349	0.0071
	房地产业	0.0022	0.0290	0.0061	0.0025
	租赁和商务服务业	0.0110	0.0147	0.0272	0.0096
	研究与试验发展业	0.0008	0.0000	0.0032	0.0006
	综合技术服务业	0.0028	0.0007	0.0029	0.0016
	水利、环境和公共设施管理业	0.0184	0.0015	0.0021	0.0003
	居民服务和其他服务业	0.0232	0.0450	0.0126	0.0086
	教育	0.0030	0.0009	0.0192	0.0036
	卫生、社会保障和社会福利业	0.0035	0.0004	0.0033	0.0034
	文化、体育和娱乐业	0.0054	0.0046	0.0100	0.0018
	公共管理和社会组织	0.0003	0.0002	0.0003	0.0002
	中间投入合计	0.4855	0.5411	0.4405	0.6568
增加值	劳动者报酬	0.2551	0.1302	0.4389	0.2299
	生产税净额	0.0202	0.0304	0.0143	0.0120
	固定资产折旧	0.1270	0.0225	0.0518	0.0308
	营业盈余	0.1123	0.2758	0.0544	0.0705
	增加值合计	0.5145	0.4589	0.5595	0.3432
总投入		1.0000	1.0000	1.0000	1.0000

续表

		文化、体育和娱乐业	公共管理和社会组织	中间使用合计
中间投入	农林牧渔业	0.0061	0.0000	0.0419
	煤炭开采和洗选业	0.0007	0.0023	0.0117
	石油和天然气开采业	0.0005	0.0002	0.0185
	金属矿采选业	0.0000	0.0000	0.0122
	非金属矿及其他矿采选业	0.0006	0.0004	0.0049
	食品制造及烟草加工业	0.0706	0.0040	0.0269
	纺织业	0.0039	0.0044	0.0220
	纺织服装鞋帽皮革羽绒及其制品业	0.0243	0.0152	0.0079
	木材加工及家具制造业	0.0153	0.0230	0.0090
	造纸印刷及文教体育用品制造业	0.0910	0.0441	0.0162
	石油加工、炼焦及核燃料加工业	0.0083	0.0226	0.0267
	化学工业	0.0398	0.0112	0.0752
	非金属矿物制品业	0.0078	0.0052	0.0268
	金属冶炼及压延加工业	0.0006	0.0000	0.0752
	金属制品业	0.0046	0.0013	0.0169
	通用、专用设备制造业	0.0040	0.0026	0.0307
	交通运输设备制造业	0.0065	0.0208	0.0227
	电气机械及器材制造业	0.0078	0.0027	0.0210
	通信设备、计算机及其他电子设备制造业	0.0094	0.0127	0.0357
	仪器仪表及文化办公用机械制造业	0.0056	0.0028	0.0053
	工艺品及其他制造业	0.0024	0.0024	0.0031
	废品废料	0.0000	0.0000	0.0068
	电力、热力的生产和供应业	0.0109	0.0152	0.0370
	燃气生产和供应业	0.0009	0.0003	0.0009
	水的生产和供应业	0.0018	0.0010	0.0011

续表

		文化、体育和娱乐业	公共管理和社会组织	中间使用合计
中间投入	建筑业	0.0100	0.0145	0.0024
	交通运输及仓储业	0.0244	0.0307	0.0299
	邮政业	0.0024	0.0087	0.0008
	信息传输、计算机服务和软件业	0.0110	0.0221	0.0067
	批发和零售业	0.0233	0.0112	0.0180
	住宿和餐饮业	0.0375	0.0695	0.0104
	金融业	0.0205	0.0178	0.0178
	房地产业	0.0173	0.0060	0.0045
	租赁和商务服务业	0.0270	0.0098	0.0112
	研究与试验发展业	0.0014	0.0000	0.0016
	综合技术服务业	0.0007	0.0013	0.0040
	水利、环境和公共设施管理业	0.0012	0.0027	0.0008
	居民服务和其他服务业	0.0150	0.0194	0.0053
	教育	0.0037	0.0232	0.0016
	卫生、社会保障和社会福利业	0.0028	0.0043	0.0013
	文化、体育和娱乐业	0.0482	0.0147	0.0023
	公共管理和社会组织	0.0002	0.0003	0.0002
	中间投入合计	0.5701	0.4509	0.6751
增加值	劳动者报酬	0.1956	0.4762	0.1344
	生产税净额	0.0479	0.0027	0.0470
	固定资产折旧	0.0569	0.0676	0.0455
	营业盈余	0.1295	0.0025	0.0980
	增加值合计	0.4299	0.5491	0.3249
总投入		1.0000	1.0000	1.0000

资料来源：《2007年中国投入产出表》。

附录4　**中国各地级市的FDI与工业污染物排放（2012年）**

省、自治区、直辖市	地级市	实际利用外资额（万美元）	工业 SO_2（吨）	工业粉尘（吨）
安徽	安庆	23584	17130	10479
	蚌埠	60527	18700	9082
	亳州	8654	12436	5455
	池州	11520	16017	13624
	滁州	19668	17702	37392
	阜阳	3768	19201	12199
	合肥	124618	45572	41120
	淮北	20719	44859	25604
	淮南	20123	67899	21847
	黄山	13537	3238	1892
	六安	4548	14085	14616
	马鞍山	103666	67717	31525
	宿州	4511	30002	13981
	铜陵	22823	37869	18788
	芜湖	86877	36789	48381
	宣城	4101	20346	45508
北京	北京	803047	59330	30844
重庆	重庆	901141	509788	166142
福建	福州	74584	76225	37487
	龙岩	10621	28918	48917
	南平	1451	20818	16687
	宁德	6171	16993	26272

续表

省、自治区、直辖市	地级市	实际利用外资额（万美元）	工业 SO_2（吨）	工业粉尘（吨）
福建	莆田	22479	13720	4700
	泉州	34348	100569	52294
	三明	1793	48168	35301
	厦门	159453	18526	2507
	漳州	12361	27628	9842
甘肃	白银	240	106941	12155
	兰州	751	70151	33598
	庆阳	400	5740	5152
	天水		9910	7652
广东	潮州	183	17300	3328
	东莞	336938	118663	15095
	佛山	234984	84626	42338
	广州			
	河源	8839		
	惠州	124084	35501	21297
	江门	42062		10183
	揭阳	5718	14643	2555
	茂名	2635	30478	10442
	梅州	2708	35400	5700
	清远	14131	25983	31323
	汕头	12254	23539	4783
	汕尾	13292	17516	10889
	韶关	3871	50789	6525

续表

省、自治区、直辖市	地级市	实际利用外资额（万美元）	工业 SO_2（吨）	工业粉尘（吨）
广东	深圳	522944	9847	828
	阳江	6023	20962	11700
	云浮	3435	31245	5486
	湛江	6337	25379	10146
	肇庆	56963	29220	24780
	中山	84177	27363	12399
	珠海	144682	30151	11150
广西	百色	6	95939	31242
	北海	3207	12637	6730
	崇左	3506	6630	13441
	贵港	1162	20663	54924
	桂林	3473	39191	16068
	贺州		5369	5372
	来宾	1642	97516	11834
	柳州	32740	53506	51875
	南宁	15802	30626	25012
	钦州	12850	16989	7888
	梧州	6984	8797	9161
	玉林	224	7754	10254
贵州	毕节	1320	184433	21291
	贵阳	40697	65259	19743
	六盘水		204043	40961
	铜仁	2012	46532	19769
	遵义	2550	85711	9298

续表

省、自治区、直辖市	地级市	实际利用外资额（万美元）	工业 SO_2（吨）	工业粉尘（吨）
海南	海口	45257	1834	727
	三亚	23578		268
河北	保定	41278	75312	36703
	沧州	13483	44476	47863
河北	承德	1393	83407	28127
	邯郸	26160	202792	195790
	衡水	5042	34169	13937
	廊坊	31171	51098	26360
	秦皇岛	46975	71727	78836
	石家庄	28945	179942	98364
	唐山	90068	313051	409921
	邢台	1960	99770	89289
	张家口	310	82994	30542
黑龙江	大庆	25722	55054	31461
	哈尔滨	167182	80740	52257
	鹤岗	5201	16573	26471
	佳木斯	3260	13045	34977
	鸡西	7200	24068	68785
	牡丹江	9186	23140	39463
	齐齐哈尔	34832	4875	3476
	七台河	2826	17502	18883
	双鸭山	1319	29662	37753
	绥化	957	13356	9662
	宜春	5376	17002	15502

续表

省、自治区、直辖市	地级市	实际利用外资额（万美元）	工业 SO_2（吨）	工业粉尘（吨）
河南	安阳	15732	118149	81205
	鹤壁	31991	36623	9751
	焦作	15517	68835	29808
	开封	7159	44496	23805
	漯河	48586	22442	5917
河南	洛阳	83282	136354	46088
	南阳	8644	64761	18507
	平顶山	11435	102966	73976
	濮阳	9927	24243	14792
	三门峡	25239	107849	23541
	商丘	9610	34450	36882
	新乡	25997	58943	14699
	信阳	6616	36002	6533
	许昌	14944	38317	14686
	郑州	251983	141246	51242
	周口	6510	22175	9773
	驻马店	15917	31829	19237
湖北	鄂州	16450	31083	17500
	黄冈	880	20531	24612
	黄石	33766	83362	21531
	荆门	7508	37083	64384
	荆州	4650	48486	14609

续表

省、自治区、直辖市	地级市	实际利用外资额（万美元）	工业 SO_2（吨）	工业粉尘（吨）
湖北	十堰	8332	18342	18775
	随州	3803	4327	12724
	武汉	397411	100072	20496
	襄阳	26944	46667	18128
	咸宁	4617	21768	14168
	孝感	6244	45394	13273
	宜昌	12670	65349	15083
湖南	常德	14604	39364	19376
	长沙	226098	21209	11976
	郴州	75042	47044	24511
	衡阳	11200	86499	23430
	怀化	4132	40095	18173
	娄底	1890	4207	17560
	邵阳	7470	17054	18618
	湘潭	45033	42869	23795
	益阳	12260	49085	34631
	永州	12470	24582	43651
	岳阳	9773	60156	28332
	张家界	4919	20438	2565
	株洲	38852	35636	5769
江苏	常州	270495	35984	35837
	淮安	120491	46937	19740
	连云港	38697	40629	16570
	南京	389866	119155	40679
	南通	105875	69821	36399

续表

省、自治区、直辖市	地级市	实际利用外资额（万美元）	工业 SO_2（吨）	工业粉尘（吨）
江苏	宿迁	22402	24948	37509
	苏州	469260	183401	54382
	台州	68876	51979	17765
	无锡	274171	86833	48169
	徐州	96735	142678	45883
	盐城	72042	40343	23694
	扬州	158762	46046	12286
	镇江	114519	70455	18080
江西	赣州	17330	50885	64887
	景德镇	2312	27634	11522
	九江	30251	92076	33645
	抚州	5820	19908	35682
	吉安	6926	36823	16494
	南昌	187988	43470	11115
	萍乡	11234	87127	42721
	上饶	5352	34823	26132
	新余	47928	60637	30553
	宜春	3880	83384	43161
	鹰潭	2058	18892	3424
吉林	白城	2559	19632	8175
	白山	4979	22552	11426
	长春	343658	69046	40803
	吉林	45513	81809	35677

续表

省、自治区、直辖市	地级市	实际利用外资额（万美元）	工业 SO_2（吨）	工业粉尘（吨）
吉林	辽源	13210	13501	8497
	四平	1260	45291	24343
	松原	15395	31667	29823
	通化	4555	45389	17620
辽宁	鞍山	99038	122876	85418
	本溪	37797	75796	60809
	朝阳	3184	59262	50251
	大连	905000	114589	52149
	丹东	80958	33594	30699
	抚顺	10609	55891	49096
辽宁	阜新	14857	102154	27460
	葫芦岛	11000	78589	20459
	锦州	57845	47340	34138
	辽阳	45093	49893	90454
	盘锦	58985		
	沈阳	554767	96756	53191
	铁岭	13431	36283	25260
	营口	76765	50723	32350
内蒙古	包头	86800	209781	78946
	赤峰	1132	126137	22472
	鄂尔多斯	52434	225666	260939
	呼和浩特	31182	99375	18372
	通辽	450	83055	138162
	乌海		112397	39267
宁夏	石嘴山		91060	71236

续表

省、自治区、直辖市	地级市	实际利用外资额（万美元）	工业 SO_2（吨）	工业粉尘（吨）
陕西	宝鸡	5120	30534	12342
	汉中	470	30294	17534
	铜川	3000	18098	41583
	渭南	720	152298	22482
	西安	243835	83063	17463
	咸阳	2417	67248	15684
	延安		17616	21324
山东	滨州	17146	79872	18163
	德州	5040	84228	19171
	东营	10366	55457	5810
山东	菏泽	11136	77095	22032
	济南	96882	103187	51609
	济宁	26899	131236	45823
	莱芜	12006	88387	78499
	聊城	703	79316	16890
	临沂	12371	99439	40363
	青岛	283614	72562	26308
	日照	36739	56392	30809
	泰安	8465	70980	19577
	潍坊	23661	126921	36761
	威海	22606	39702	6629
	烟台	83875	86655	32161
	枣庄	8713	75264	24068
	淄博	38804	219273	58999
上海	上海	1. 50E+06	240100	87100

续表

省、自治区、直辖市	地级市	实际利用外资额（万美元）	工业 SO_2（吨）	工业粉尘（吨）
山西	长治	8787	136945	203124
	大同	2942	135097	62421
	晋城	25072	82579	70116
	晋中	10607	111377	73201
	临汾	5282	92469	5. 20E+06
	吕梁	6695	14328	121730
	朔州	13400	114780	28915
	太原	76932	101780	42084
	阳泉	23576	98713	25639
四川	成都	754821	56730	24723
	德阳	7546	19389	13795
	广安	670	56912	13791
	广元	1738	21111	18239
	乐山	8578	51907	28556
	泸州	3350	46571	8311
	眉山	5775	27076	22994
	绵阳	13400	35973	8496
	南充	5294	9230	4579
	内江	10838	84414	13908
	攀枝花	9882	111301	41656
	遂宁	4095	7859	4234
	雅安	500	4899	7700
	宜宾	2128	138162	17130
	自贡	1135	31337	5497
	资阳	3467	6423	4226

续表

省、自治区、直辖市	地级市	实际利用外资额（万美元）	工业 SO_2（吨）	工业粉尘（吨）
天津	天津	1.50E+06	215481	59036
新疆	乌鲁木齐	19300	109802	51109
云南	宝山	1071	16996	7920
	昆明	102548	113277	58332
	丽江	2871	7387	11732
	临沧		28547	3919
	普洱	371	9642	12241
	曲靖	375	175178	42170
	玉溪	2200	29899	12204
	昭通	900	31519	15215
浙江	杭州	434059	86181	33015
	湖州	52472	38474	25398
	嘉兴	58017	76572	25206
	金华	8568	39547	28418
	丽水	400	28019	15234
	宁波	202301	144356	32135
	衢州	1329	37428	23625
	绍兴	14132	59280	15693
	台州	8213	44209	13016
	温州	26572	36695	19164
	舟山	14620	13769	5305

注：空白为数据缺失。

资料来源：《中国城市统计年鉴》。

附录5　**各省省会城市的经纬度**

省市/省会	经度	纬度	省市/省会	经度	纬度
安徽	117. 17	31. 52	辽宁	123. 25	41. 48
北京	116. 24	39. 55	内蒙古	111. 41	40. 48
重庆	106. 54	29. 59	宁夏	106. 16	38. 27
福建	119. 18	26. 05	青海	101. 48	36. 38
甘肃	103. 51	36. 04	山东	117	36. 4
广东	113. 14	23. 08	山西	112. 33	37. 54
广西	108. 19	22. 48	陕西	108. 57	34. 17
贵州	106. 42	26. 35	上海	121. 29	31. 14
海南	110. 2	20. 02	四川	104. 04	30. 4
河北	114. 3	38. 02	天津	117. 12	39. 02
河南	113. 4	34. 46	西藏	91. 08	29. 39
黑龙江	126. 36	45. 44	新疆	87. 36	43. 45
湖北	114. 17	30. 35	云南	102. 42	25. 04
湖南	112. 59	28. 12	浙江	120. 1	30. 16
吉林	125. 19	43. 54	香港	115. 12	21. 23
江苏	118. 46	32. 03	澳门	115. 07	21. 33
江西	115. 55	28. 4			

资料来源：国家基础地理信息系统。

附录 6

各省省会城市之间的地理距离(单位：km)

省(自治区、直辖市)/省会	合肥	北京	重庆	福州	兰州	广州	南宁	贵阳	海口	石家庄	郑州	哈尔滨	武汉	长沙	长春	南京	南昌	沈阳	呼和浩特	银川	西宁	济南	太原	西安	上海	成都	天津	拉萨	乌鲁木齐	昆明	杭州	香港	澳门
安徽	0.0	897.8																															
北京	897.8	0.0	1419.3																														
重庆	1040.9	1419.3	0.0	1304.5																													
福建	639.7	1527.5	1304.5	0.0	1858.7																												
甘肃	1358.8	1184.7	771.8	1858.7	0.0	1715.5																											
广东	1020.4	1856.6	978.7	695.0	1715.5	0.0	512.4																										
广西	1342.7	2047.3	808.5	1183.5	1575.8	512.4	0.0	466.7																									
贵州	1194.1	1729.6	360.9	1274.4	1113.5	770.7	466.7	0.0	803.7																								
海南	1457.5	2249.5	1127.5	1138.2	1899.2	456.8	344.2	803.7	0.0	2042.5																							
河北	769.6	239.5	1180.4	1409.2	983.3	1666.8	1825.8	1494.8	2042.5	0.0	404.4																						
河南	480.6	620.2	844.0	1088.2	915.7	1267.1	1427.1	1123.6	1638.1	404.4	0.0	1644.2																					
黑龙江	1741.5	1056.8	2471.9	2251.5	2182.0	2761.8	3041.4	2767.8	3195.0	1296.0	1644.2	0.0	1987.0																				
湖北	314.7	1041.3	740.5	685.9	1176.7	815.7	1059.2	879.8	1217.2	853.9	463.2	1987.0	0.0	291.8																			
湖南	582.0	1316.0	612.1	692.5	1227.9	563.8	768.1	641.6	933.8	1113.5	710.0	2278.4	291.8	0.0	2053.7																		
吉林	1512.0	867.2	2268.6	2021.6	2025.8	2532.2	2818.6	2555.8	2966.9	1103.2	1433.2	231.0	1762.0	2053.7	0.0	1410.2																	
江苏	134.3	860.7	1170.9	669.4	1447.8	1125.7	1469.1	1328.7	1570.2	766.9	543.1	1640.9	449.3	713.4	1410.2	0.0	491.5																
江西	380.8	1242.8	887.0	444.4	1415.5	639.6	990.3	930.7	1079.1	1077.2	704.8	2122.3	255.0	291.9	1892.8	491.5	0.0	1615.0															
辽宁	1234.2	630.7	2004.2	1757.9	1812.4	2254.5	2540.1	2283.7	2688.1	856.8	1163.8	507.3	1483.0	1774.8	279.1	1134.9	1615.0	0.0	1000.4														
内蒙古	1123.6	424.5	1290.4	1759.8	848.6	1943.8	2026.5	1639.1	2280.5	370.2	692.8	1334.5	1155.0	1380.1	1188.0	1132.8	1397.0	1000.4	0.0	514.3													
宁夏	1253.5	884.2	966.9	1828.0	341.9	1816.7	1768.4	1327.2	2068.6	712.9	774.9	1848.5	1147.8	1278.0	1700.5	1315.8	1401.8	1500.4	514.3	0.0	464.6												
青海	1544.3	1340.8	891.0	2034.6	186.2	1857.4	1677.3	1210.7	2009.7	1150.3	1101.5	2310.6	1355.7	1390.8	2165.0	1633.9	1590.5	1962.8	978.0	464.6	0.0	1389.3											
山东	543.5	356.9	1235.0	1170.6	1211.2	1528.6	1767.3	1502.2	1940.1	299.7	391.4	1275.8	722.9	1010.6	1057.2	504.7	900.9	782.3	665.9	981.1	1389.3	0.0	434.2										
山西	803.5	407.3	1034.6	1432.8	803.5	1611.5	1722.8	1364.2	1961.2	181.4	356.1	1460.1	818.2	1048.9	1274.4	830.4	1060.8	1034.3	336.8	547.9	973.2	434.2	0.0	505.7									
陕西	856.3	907.9	544.7	1362.6	505.6	1312.4	1301.9	894.7	1583.4	670.1	445.2	1964.1	677.1	774.6	1773.2	952.1	923.3	1522.7	745.9	505.1	689.5	804.9	505.7	0.0	1238.0								
上海	394.0	1042.0	1426.1	602.9	1733.6	1206.3	1617.4	1544.5	1662.8	997.8	825.3	1651.5	686.7	906.1	1422.4	286.1	632.8	1164.3	1368.0	1592.9	1919.8	707.2	1088.0	1238.0	0.0	1650.3							
四川	1258.8	1505.9	257.3	1560.4	629.8	1216.6	973.6	507.5	1310.8	1268.0	988.2	2562.0	972.6	868.0	2370.9	1383.7	1137.7	2117.8	1304.9	897.4	706.9	1375.4	1102.4	598.1	1650.3	0.0	1531.3						
天津	834.9	96.1	1429.2	1456.6	1245.1	1814.0	2027.1	1727.5	2216.9	269.6	606.3	1043.1	1002.0	1283.6	841.3	787.5	1191.1	588.2	514.9	956.0	1406.6	291.8	449.8	934.9	955.6	1531.3	0.0	2613.9					
西藏	2508.9	2559.1	1497.1	2787.1	1377.8	2307.6	1874.9	1545.8	2192.5	2346.6	2178.0	3553.9	2227.6	2101.0	3403.1	2629.9	2383.1	3188.8	2219.9	1705.6	1243.9	2536.2	2165.3	1735.8	2902.2	1255.1	2613.9	0.0	1599.8				
新疆	2927.3	2434.0	2297.1	3462.7	1605.6	3275.7	3020.8	2566.5	3364.5	2340.1	2453.0	3076.9	2778.1	2827.5	3028.1	2995.3	3020.4	2932.6	2010.7	1680.1	1436.7	2633.2	2204.2	2101.2	3272.9	2069.4	2525.5	1599.8	0.0	2465.2			
云南	1613.8	2068.3	649.9	1685.9	1228.9	1111.0	653.2	426.9	975.4	1829.1	1489.9	3121.8	1299.2	1068.5	2918.3	1748.3	1357.2	2652.7	1911.1	1514.4	1265.5	1878.8	1678.4	1177.2	1970.4	617.6	2079.1	1221.8	2465.2	0.0	1832.5		
浙江	318.3	1102.8	1309.7	466.3	1676.9	1048.7	1462.3	1405.7	1505.2	1024.9	791.2	1786.4	570.5	764.5	1556.1	260.3	483.2	1291.6	1392.2	1566.1	1862.3	752.0	1090.4	1173.7	157.8	1542.8	1023.2	2797.7	3243.0	1832.5	0.0	1112.1	
香港	1163.5	2042.2	1268.0	677.6	1997.5	290.0	729.3	1053.1	530.0	1870.7	1482.4	2884.0	1019.7	808.5	2653.0	1247.1	799.3	2380.2	2171.5	2082.5	2143.1	1698.5	1835.4	1577.5	1263.0	1506.5	1989.6	2577.9	3564.6	1366.8	1112.1	0.0	12.3
澳门	1153.4	2031.3	1256.2	671.9	1985.3	278.4	721.9	1042.6	527.7	1859.4	1470.8	2875.0	1008.1	796.3	2644.0	1237.7	788.5	2371.1	2159.7	2070.2	2131.0	1688.0	1823.7	1565.2	1255.6	1495.0	1978.9	2568.4	3552.7	1358.0	1104.4	12.3	0.0

注：城市 A-B 与城市 B-A 的距离完全相同，故而，城市距离矩阵为对称矩阵，本表只汇报下三角部分，上三角完全对称。

资料来源：根据国家基础地理信息系统的坐标计算而来。

参考文献

［1］包群，陈媛媛，宋立刚．外商投资与东道国环境污染：存在倒U型曲线关系吗［J］．世界经济，2010（1）：3-17.

［2］柴敏．外商直接投资对中国内资企业出口绩效的影响——基于省际面板数据的实证分析［J］．管理世界，2006（7）：46-52.

［3］陈继杰．外商直接投资对中国可持续发展溢出效应研究［D］．杭州：浙江大学，2006.

［4］陈六君，王大辉，方福康．中国污染变化的主要因素——分解模型与实证分析［J］．北京师范大学学报，2014（8）：561-568.

［5］陈涛涛．中国FDI行业内溢出效应的内在机制研究［J］．世界经济，2003（9）：23-28.

［6］陈涛涛．影响中国外商直接投资溢出效应的行业特征［J］．中国社会科学，2003（4）：33-44.

［7］陈晓华，范良聪．要素密集度偏向型出口技术结构升级的收入分配效应——基于我国省级动态面板数据的GMM方法［J］．国际贸易问题，2011（7）：102-115.

［8］陈媛媛，李坤望．中国工业行业SO_2排放强度因素分解及其影响因素——基于FDI产业前后向联系的分析［J］．管理世界，2010（3）：14-21.

［9］傅京燕，李丽莎．FDI、环境规制与污染避难所效应——基于中国省级数据的经验分析［J］．公共管理学报，2010（3）：65-74.

［10］傅元海，唐未兵，王展祥．FDI溢出机制、技术进步路径与

经济增长绩效［J］．经济研究，2010（6）：92-104.
［11］符森．地理距离和技术外溢效应——对技术和经济积聚现象的空间计量学解释［J］．经济学季刊，2009（8）：1549-1566.
［12］韩燕，钱春海．FDI 对我国工业部门经济增长影响的差异性——基于要素密集度的行业分类研究［J］．南开经济研究，2008（6）：143-152.
［13］韩永辉，邹建华．引资转型、FDI 质量与环境污染——来自珠三角九市的经验证据［J］．国际贸易问题，2015（7）：108-117.
［14］郝宇，廖华，魏一鸣．中国能源消费和电力消费的环境库兹涅茨曲线：基于面板数据空间计量模型的分析［J］．中国软科学，2014（1）：134-147.
［15］何兴强，王利霞．中国 FDI 区位分布的空间效应研究［J］．经济研究，2008（11）：137-150.
［16］何洁．外国直接投资对中国工业部门外溢效应的进一步精确量化［J］．世界经济，2010（12）：29-36.
［17］胡安俊，孙久文．空间计量——模型、方法与趋势［J］．世界经济文汇，2014（6）：111-120.
［18］黄静．影响 FDI 技术外溢效果的因素分析——基于吸收能力的研究［J］．世界经济研究，2006（8）：60-66.
［19］黄静．吸收能力对 FDI 技术外溢的影响——基于工业层面及生产力非参数估计方法的研究［J］．财贸研究，2007（5）：26-32.
［20］黄先海．中国制造业贸易竞争力的测度与分析［J］．国际贸易问题，2006（5）：12-16.
［21］黄先海，陈晓华．要素密集型逆转与贸易获利能力提升：以中美纺织业为例［J］．国际贸易问题，2008（2）：14-20.
［22］蒋殿春，张宇．经济转型与外商直接投资技术溢出效应［J］．经济研究，2008（7）：26-38.
［23］蒋殿春，张宇．行业特征与外商直接投资的技术溢出效应：

基于高新技术产业的经验分析［J］. 世界经济，2006（10）：21-29.
［24］靳娜，傅强. 吸收能力和贸易政策对FDI技术溢出的影响分析——基于中国工业部门面板数据的实证研究［J］. 南开经济研究，2010（6）：113-122.
［25］鞠建东，林毅夫，王勇. 要素禀赋、专业化分工、贸易的理论与实证——与杨小凯、张永生商榷［J］. 经济学季刊，2004（4）：27-52.
［26］赖永剑. 出口贸易的技术进步效应研究［D］. 广州：暨南大学，2012.
［27］李斌，彭星，陈柱华. 环境规制、FDI与中国治污技术创新——基于省际动态面板数据的分析［J］. 财经研究，2011（10）：92-102.
［28］李建伟，冼国明. 后向关联途径的外商直接投资溢出效应分析［J］. 国际贸易问题，2010（4）：73-79.
［29］李婧，谭清美，白俊红. 中国区域创新生产的空间计量分析——基于静态与动态空间面板模型的实证研究［J］. 管理世界，2010（7）：43-55.
［30］李坤望，王有鑫. FDI促进了中国出口产品质量升级吗——基于动态面板系统GMM方法的研究［J］. 世界经济研究，2013（5）：60-66.
［31］李梅，柳士昌. 对外直接投资逆向技术溢出的地区差异和门槛效应——基于中国省际面板数据的门槛回归分析［J］. 管理世界，2012（1）：21-32.
［32］李子豪，刘辉煌. FDI对环境的影响存在门槛效应吗——基于中国220个城市的检验［J］. 财贸经济，2012（9）：101-108.
［33］李子豪，刘辉煌. 外商直接投资、地区腐败与环境污染——基于门槛效应的实证研究［J］. 国际贸易问题，2013（7）：50-61.
［34］林江，骆俊根. 港资对广东技术进步的影响分析［J］. 世界

经济，2005（4）：67-75.
［35］刘华军，刘传明，杨骞．环境污染的空间溢出及其来源——基于网络分析视角的实证研究［J］．经济学家，2015（10）：28-35.
［36］刘洁，李文．中国环境污染与地方政府税收竞争——基于空间面板数据模型的分析［J］．中国人口·资源与环境，2013（4）：81-88.
［37］刘明霞．我国对外直接投资的逆向技术溢出效应——基于省际面板数据的实证分析［J］．国际商务——对外经济贸易大学学报，2009（4）：61-67.
［38］刘向丽．日本对华制造业对中日制成品产业内贸易影响的实证分析［J］．国际贸易问题，2009（1）：67-72.
［39］刘渝琳，温怀德．经济增长下的 FDI、环境污染损失与人力资本［J］．世界经济研究，2007（11）：48-55.
［40］刘志彪，张杰．我国本土制造业企业出口决定因素的实证分析［J］．经济研究，2009（8）：99-112.
［41］卢进勇，杨杰，邵海燕．外商直接投资、人力资本与中国环境污染——基于 249 个城市数据的分位数回归分析［J］．国际贸易问题，2014（4）：118-125.
［42］吕世生，张诚．当地企业吸收能力与 FDI 溢出效应的实证分析——以天津为例［J］．南开经济研究，2004（6）：72-77.
［43］马林，章凯栋．外商直接投资对中国技术溢出的分类检验研究［J］．世界经济，2008（7）：78-87.
［44］毛日昇．出口、外商直接投资与中国制造业就业［J］．经济研究，2009（11）：105-117.
［45］孟夏，陈磊．金融发展、FDI 与中国制造业出口绩效——基于新新贸易理论的实证分析［J］．经济评论，2012（1）：108-115.
［46］潘文卿．外商投资对中国工业部门的外溢效应：基于面板数据的分析［J］．世界经济，2003（6）：3-7.
［47］平新乔，关晓静，邓永旭，等．外国直接投资对中国企业的

溢出效应分析：来自中国第一次全国经济普查数据的报告［J］．世界经济，2007（8）：3-13.
［48］邱斌，杨帅，辛培江．FDI 技术溢出渠道与中国制造业生产率增长研究：基于面板数据的分析［J］．世界经济，2008（8）：20-31.
［49］沙文兵，李桂香．FDI 知识溢出、自主 R&D 投入与内资高技术企业创新能力——基于中国高技术产业分行业动态面板数据模型的检验［J］．世界经济研究，2011（1）：51-56.
［50］苏梽芳，胡日东．外商直接投资与中国经济增长关系再检验——基于 bootstrap 仿真方法的实证研究［J］．宏观经济研究，2007（7）：55-59.
［51］孙敬水，张蕾．基于 Panel Data 模型的 FDI 与对外贸易关系实证研究［J］．国际贸易问题，2007（9）：22-26.
［52］孙灵燕，崔喜君．FDI、融资约束与民营企业出口——基于中国企业层面数据的经验分析［J］．世界经济研究，2011（1）：61-66.
［53］孙少勤，邱斌．全球生产网络条件下 FDI 的技术溢出渠道研究——基于中国制造业行业面板数据的经验分析［J］．南开经济研究，2011（4）：50-66.
［54］王滨．FDI 技术溢出、技术进步与技术效率——基于中国制造业 1999-2007 年面板数据的经验研究［J］．数量经济技术经济研究，2010（2）：93-103.
［55］王博．外商直接投资对我国出口增长和出口结构的影响研究：1983-2006［J］．国际贸易问题，2009（6）：91-95.
［56］王海宁．FDI、出口密集度与环境技术效率——基于产业数据的分位数回归方法分析［J］．财贸研究，2011（2）：24-32.
［57］王红领，李稻葵，冯俊新．FDI 与自主研发：基于行业数据的经验研究［J］．经济研究，2006（2）：44-56.
［58］王玲，涂勤．中国制造业外资生产率溢出的条件性研究［J］．经济学季刊，2007（10）：171-184.
［59］王志鹏，李子奈．外资对中国工业企业生产效率的影响研究

[J]．管理世界，2003（4）：17-25.
[60] 邢斐，张建华．外商技术转移对我国自主研发的影响［J］．经济研究，2009（6）：94-104.
[61] 熊立，许可，王珏．FDI为中国带来低碳了吗——基于中国1985-2007年时间序列数据的实证分析［J］．宏观经济研究，2012（5）：68-75.
[62] 许和连，邓玉萍．外商直接投资导致了中国的环境污染吗［J］．管理世界，2012（2）：30-43.
[63] 杨博琼，杨军，赵启然．FDI技术外溢与东道国环境污染关系研究［J］．国际商务——对外经济贸易大学学报，2013（2）：74-88.
[64] 杨海生，贾佳，周永章，等．贸易、外商直接投资、经济增长与环境污染［J］．中国人口·资源与环境，2015（3）：99-103.
[65] 杨杰，卢进勇．外商直接投资对环境影响的门槛效应分析——基于中国247个城市的面板数据研究［J］．世界经济研究，2014（8）：81-87.
[66] 杨全发，陈平．外商直接投资对中国出口贸易的作用分析［J］．管理世界，2005（5）：65-69.
[67] 杨湘玉，程源．贸易与外商直接投资技术溢出联动机制研究［J］．国际商务——对外经济贸易大学学报，2012（5）：45-54.
[68] 姚利民，唐春宇．独资与合资方式的技术溢出效果比较［J］．国际贸易问题，2005（10）：79-83.
[69] 尹翔硕．比较优势、技术进步与收入分配——基于两个经典定理的分析［J］．复旦学报（社会科学版），2012（6）：50-55.
[70] 原毅军，郭丽丽，孙佳．结构、技术、管理与能源利用效率——基于2000-2010年中国省际面板数据的分析［J］．中国工业经济，2012（7）：18-30.
[71] 原毅军，谢荣辉．FDI、环境规制与中国工业绿色全要素生产

率增长——基于 Luenberger 指数的实证研究［J］. 国际贸易问题，2015（8）：84-93.
［72］詹晓宁，葛顺奇 . 出口竞争力与跨国公司 FDI 的作用［J］. 世界经济，2002（11）：19-25.
［73］张海洋 . R&D 两面性、外资活动与中国工业生产率增长［J］. 经济研究，2005（5）：107-117.
［74］张伟，张晓青，吴学花 . FDI 集群经济效应及环境效应的空间面板计量分析［J］. 经济学动态，2013（10）：317-323.
［75］张贤，周勇 . 外商直接投资对我国能源强度的空间效应分析［J］. 数量经济技术经济研究，2007（1）：96-101.
［76］张宇，蒋殿春 . FDI、环境监管与能源消耗：基于能耗强度分解的经验检验［J］. 世界经济，2013（3）：103-123.
［77］赵海蕾 . 外商企业对中国本地企业的知识溢出效应［J］. 财贸研究，2002（4）：20-22.
［78］赵婷，赵伟 . 产业关联视角的 FDI 出口溢出效应：分析与实证［J］. 国际贸易问题，2012（2）：113-122.
［79］赵文军，于津平 . 贸易开放、FDI 与中国工业经济增长方式——基于 30 个工业行业数据的实证研究［J］. 经济研究，2012（8）：18-31.
［80］钟昌标 . 影响中国电子行业出口决定因素的经验分析［J］. 经济研究，2007（9）：62-70.
［81］钟昌标 . 外商直接投资地区间溢出效应研究［J］. 经济研究，2010（1）：80-89.
［82］周靖祥 . 中国 FDI 流入的“内生性”出口贸易增长效应研究［J］. 南方经济，2009（5）：45-57.
［83］周靖祥，曹勤 . FDI 与出口贸易结构关系研究（1978-2005 年）——基于 DLM 与 TVP 模型的检验［J］. 数量经济技术经济研究，2007（9）：24-36.
［84］朱平芳，张征宇，姜国麟 . FDI 与环境规制：基于地方分权视角的实证研究［J］. 经济研究，2011（6）：133-145.
［85］朱平辉，袁加军，曾五一 . 中国工业环境库兹涅茨曲线分

析——基于空间面板模型的经验研究［J］．中国工业经济，2010（6）：65-74.

[86] Aitken B，Hanson H，Harrison A. Spillovers，foreign direct investment，and export behaviour［J］. Journal of International Economics，1997，43（1）：103-132.

[87] Aitken B J，Harrison A E. Do domestic firms benefit from direct foreign investment? Evidence from Venezuela［J］. American Economic Review，1999，89：605-618.

[88] Albornoz F，Cole M A，Elliott R J R，et al. In search of environmental spillovers［J］. The World Economy，2009，32（1）：136-163.

[89] Altomonte C，Pennings E. Domestic plant productivity and incremental spillovers from foreign direct investment［J］. Journal of International Business Studies，2009，40：1131-1148.

[90] Anselin L. Spatial econometrics：Methods and models［J］. Kluwer Academic. 1988：111-118.

[91] Anselin L，Florax R J. New directions in spatial econometrics：Introduction in new directions in spatial econometrics［M］. Berlin，Germany：Springer-Verlag. 1995.

[92] Baltensperger E，Herger N. Exporting against risk? Theory and evidence from public export insurance schemes in OECD Countries［J］. Open Economics Review，2009，20：545-563.

[93] Barriost S，Dimelis S，Louri H，Strobl E. Efficiency spillovers from foreign direct investment in the EU periphery：A comparative study of Greece，Ireland and Spain［J］. Review of World Economics，2004，140（4）：688-705.

[94] Blalock G，Gertler P J. How firm capabilities affect who benefits from foreign technology［J］. Journal of Development Economics，2009，90：192-199.

[95] Blomstrom M，Kokko A. Multinational corporations and spillovers［J］. Journal of Economic Surveys，1998，12（3）：247-277.

[96] Borenszteina E, Gregoriob J D, Leec J W. How does foreign direct investment affect economic growth [J]. Journal of International Economics, 1998, 45 (1): 115-135.

[97] Brander J A, Spencer B J. Export subsidies and international market rivalry [J]. Journal of international Economics, 1985, 18 (1-2): 83-100.

[98] Calantone R J, Kim D, Schmidt J B, Cavusgil S T. The influence of internal and external firm factors on international product adaptation strategy and export performance: A three-country comparison [J]. Journal of Business Research, 2006, 59: 176-185.

[99] Castellani D, Zanfei A. Technology gaps, absorptive capacity and the impact of inward investments on productivity of European firms [R]. Working Paper, 2002.

[100] Chetty S K, Hamilton R T. Firm level determinants of export performance: A meta-analysis [J]. International Marketing Review, 1993, 10 (3): 26-34.

[101] Cheung K, Lin P. Spillover effects of FDI on innovation in China: evidence from the provincial data [J]. China Economic Review, 2004, 15: 25-44.

[102] Cole M A, Elliott R JR. FDI and the capital intensity of dirty sectors: A missing piece of the pollution haven puzzle [J]. Review of Development Economics, 2005, 9 (4): 255-274.

[103] Cole M A. Corruption, income and the environment: an empirical analysis [J]. Ecological Economics, 2007, 62 (2): 637-647.

[104] Copeland B, Taylor S. North-South trade and the environment [J]. The Quarterly Journal of Economics, 1994, 109 (3): 35-67.

[105] Dean M, Lovely E, Wang H. Foreign direct investment and pollution haven, evaluating the evidence from China [M].

Office of Economics, U. S. International Trade Commission, 2004.

[106] Dewit G. Export insurance subsidisation: Risk coverage, strategic export promotion or aid [R]. Working Papers, 1996.

[107] Dewit G. Intervention in risky export markets: insurance, strategic actions or aid [J]. European Journal of Political Economy, 2001, 17: 575-592.

[108] Dewit G. Risky business: Multinationals, uncertainty and asymmetric insurance [J]. Economica, 2002, 69: 357-370.

[109] Fang H M, Keane M P, Silverman D. Sources of advantageous selection: Evidence from the medigap insurance market [R]. NBER Working Paper No. 12289, 2006.

[110] Finkelstein A, Poterba J. Adverse selection in insurance markets: Policy holder evidence from the U. K. annuity market [J]. Journal of Political Economy, 2004, 112 (1): 183-208.

[111] Ford J L, Mpuku H K, Pattanaik P K. Revenue risks, insurance, and the behavior of competitive firms [J]. Journal of Economics, 1996, 64 (3): 233-246.

[112] Forslid R, Okubo T. Are capital intensive firms the biggest exporters? [R]. RIETI Discussion Paper, 2011.

[113] Fu X L. Foreign direct investment, absorptive capacity and regional innovation capabilities: Evidence from China [J]. Oxford Development Studies, 2008, 36: 89-107.

[114] García-Alonso M C, Levine P. Export credit guarantees, moral hazard and exports quality [J]. Bulletin of Economic Research, 2004, 56 (4): 311-327.

[115] Girma S. Absorptive capacity and productivity spillovers from FDI: a threshold regression analysis [J]. Oxford Bulletin of Economics and Statistics, 2005, 67: 3281-3306.

[116] Girma S, Greenaway D, Wakelin K. Who benefits from foreign

direct investment in the UK [J] . Scottish Journal of Plitical Economy, 2001, 48 (2): 119-133.

[117] Girma S, Gong Y, Gorg H, et al. Can production subsidies explain China's export performance? Evidence from firm-level data [J] . The Scandinavian Journal of Economics, 2009, 111 (4): 863-891.

[118] Girma S,Gorg H, Pisu M. Exporting, linkages and productivity spillovers from foreign direct investment [J] . Canadian Journal of Economics, 2008, 41 (1): 320-340.

[119] Greenaway D, Sousa N, Wakelin K. Do domestic firms learn to export from multinationals [J] . European Journal of Political Economy, 2004, 20 (4): 1027-1043.

[120] Griliches Z. Issues in assessing the contribution of R&D to productivity growth [J] . Bell Journal of Economics, 1979, 10: 92-116.

[121] Griliches Z. The search for R&D spillovers [J] . Scandinavian Journal of Economics, 1992, 94: 29-47.

[122] Grossman G M, Krueger A B. Environmental impacts of a North American free trade agreement [R] . NBER working paper, No. w3914, 1991.

[123] Grossman G M, Kruger A B. Economic growth and the environment [J] . Quarterly Journal of Economics, 1995, 110 (2): 271-286.

[124] Haskel J, Pereira S, Slaughter M. Does inward foreign direct investment boost the productivity of domesticfirms [J] . Review of Economics and Statistics, 2007, 89: 482-496.

[125] He Jie. Pollution haven hypothesis and environmental impacts of foreign direct investment: The case of industrial emission of sulfur dioxide (SO_2) in Chinese provinces [J] . Ecological Economics, 2006, 60 (1): 228-245.

[126] Heckman J. Sample selection bias as a specification error [J].

Econometrica, 1979, 47 (1): 153-161.

[127] Hirsch S, Bijaoui I. R&D intensity and export performance: a micro view [J] . Weltwirtschaftliches Archiv, 1985, 121: 138-251.

[128] Hoffman K, Parejo M, Bessant J, et al. Small firms, R&D, technology and innovation in the UK: a literature review [J]. Technovation, 1998, 18 (1): 39-73.

[129] Hoffmaister A. The cost of export subsidies: evidence from Costa Rica [R] . IMF Staff Papers, 1992, 39 (1): 148-174.

[130] Howitt P. Steady endogenous growth with population and R&D inputs growing [J] . Journal of Political Economy, 1999, 107 (4): 715-730.

[131] Hu A, Jefferson G. FDI impact and spillover: evidence from China's electronic and textile industries [J] . The World Economy, 2002, 25 (8): 1063-1076.

[132] Huang R, Tzeng L, Wang K. Empirical evidence for advantageous selection in the insurance market [R] . Working Paper, 2006.

[133] Ito K, Pucik V. R&D spending, domestic competition, and export performance of Japanese manufacturing firms [J]. Strategic Management Journal, 1993, 14: 61-75.

[134] Hymer S H. The international operations of national firms: A study of direct foreign investment [M] . Cambridge, MA: MIT press, 1976.

[135] Itoh M, Kiyono K. Welfare-enhancing export subsidies [J]. The Journal of Political Economy, 1987, 95 (1): 115-137.

[136] Javorcik B S, Spatareanu M. To share or not to share: Does local participation matter for spillovers from foreign direct investment [J] . Journal of Development Economics, 2008, 85: 194-217.

[137] Kinoshita Y. R&D and technology spillovers via FDI: Innovation

and absorptive capacity [R]. CEPR Discussion Paper, 2001.

[138] Kokko A, Tansini R, Zejan M C. Local technological capability and productivity spillovers from FDI in the Uruguayan manufacturing sector [J]. Journal of Development Studies, 1996, 32 (4): 602-611.

[139] Kumar N, Siddharthan N S. Technology, firm size and export behaviour in developing countries: the case of Indian enterprise [J]. The Journal of Development Studies, 1994, 31 (2): 289-309.

[140] Kunst R M, Marin D. On exports and productivity: A causal analysis [J]. The Review of Economics and Statistics, 1989, 71 (4): 699-703.

[141] Lall S. Technological capabilities and industrialization [J]. World Development, 1992, 20 (2): 165-186.

[142] Lan J, Kakinaka M. Foreign direct investment, human capital and environmental pollution in China [J]. Environmental and Resource Economics, 2011, 51: 255-275.

[143] Leeuwe G M. Do changes in credit availability lead to short-run deviations from the long-run growth rate in trade? Evidence from the U. S [R]. Working Paper, 2009.

[144] Leonard K C, Kwan Y K. What are the determinant of the location of foreign direct investment? The Chinese experience [J]. Journal of International Economics, 2000, 51: 379-400.

[145] Li Z Y, Yu M J. Exports, productivity, and credit constraints: A firm-level empirical investigation for China [R]. Working Paper, 2009.

[146] Liang F H. Does foreign direct investment harm the host country's environment? Evidence from China. Evidence from China [D]. Mimeo, Hass School of Business, UC Berkeley, 2006.

[147] Liu X, Siler P, Wang C, et al. Productivity spillovers from foreign direct investment: evidence from UK industry level panel

data [J] . Journal of International Business Studies, 2000, 31 (3): 407-425.

[148] Liu Z Q. Foreign direct investment and technology spillover: Evidence from China [J] . Journal of Comparative Economics, 2002, 30: 579-602.

[149] Maciej K. Insuring Canada's exports: The case for reform at export development Canada [R] . Working Paper, 2007.

[150] Madariaga N, Poncet S. FDI in Chinese cities: Spillovers and impact on growth [J] . World Economy, 2007, 30 (5): 154-179.

[151] Melitz M. The impact of trade on intra-industry reallocations and aggregate industry productivity [J] . Econometrica, 2003, 71 (6): 1695-1725.

[152] Molnar K. Government export support in a global era: Global pressures as catalyzing impacts on governments' export support in industrialized countries [R] . Working Paper, 2008.

[153] Moravcsik A M. Discipline trade finance: the OECD export credit arrangements [J] . International Organization, 1989, 43 (1): 173-205.

[154] Moser C, Nestmann T, Wedow M. Political risk and export promotion: Evidence from Germany [J] . The World Economy, 2008, 31 (6): 781-803.

[155] Munnicha P R, Turvey C G. The relationship between exports, credit risk and credit guarantees [J] . Canadian Journal of Agricultural Economics, 2008, 50: 281-296.

[156] Mundell R A. International trade and factor mobility [J] . The American Economic Review, 1957, 47 (3): 321-335.

[157] Niles H. Trade finance and financial crisis [R] . NCCR Trade Working Paper, 2009.

[158] Ohashi H. Learning by doing, export subsidies, and industry growth: Japanese steel in the 1950s and 1960s [J] . Journal of

International Economics, 2005, 66: 297-323.

[159] Olley G S, Pakes A. The dynamics of productivity in the telecommunications equipment industry [J]. Econometrica, 1996, 64 (6): 1263-1297.

[160] Perkins R, Neumayer E. Transnational linkages and the spillover of environment-efficiency into developing countries [J]. Global Environmental Change, 2009, 19 (3): 375-383.

[161] Rienstra-Munnicha P, Turvey C G. The relationship between exports, credit risk and credit guarantees [J]. Canadian Journal of Agricultural Economics, 2002, 50: 281-296.

[162] Rosenbaum P R, Rubin D B. The central role of the propensity score in observational studies for causal effects [J]. Biometrika, 1983, 70 (1): 41-55.

[163] Ruane F, Sutherland J. Foreign direct investment and export spillovers: how do export platform fare [R]. IIIS Discussion Paper, 2005.

[164] Spencer J W. The impact of multinational enterprise strategy on indigenous enterprises: horizontal spillovers and crowding out in developing countries [J]. Academy of Management Review, 2008, 33: 341-361.

[165] Stephens M. Export credit agencies, trade finance and South East Asia [R]. IMF Working Papers, 1998.

[166] Sun S. How does FDI affect domestic firms' exports? Industrial evidence [J]. World Economy, 2009, 32 (8): 1203-1222.

[167] Takii S. Productivity spillovers and characteristics of foreign multinational plants in Indonesian manufacturing 1990-1995 [J]. Journal of Development Economics, 2005, 76: 521-542.

[168] Taylor M. Unbundling the pollution haven hypothesis [J]. Advances in Economic Analysis and Policy, 2004, 4 (2): 136-149.

[169] Todo Y, Zhang W Y, Zhou L A. Knowledge spillovers from FDI

in China: The role of educated labor in multinational enterprises [J] . Journal of Asian Economics, 2009, 20: 626-639.

[170] Veer K. The private credit insurance effect on trade [R] . DNB Working Paper, 2010.

[171] Wakelin K. Innovation and export behaviour at the firm level [J] . Research Policy, 1998, 26: 829-841.

[172] Wei S J. Local corruption and global capital flows [J]. Brookings Paper on Economics Activity, 2000, 2: 303-346.

[173] Wooldridge J. Selection corrections for panel data models under conditional mean independent assumptions [J] . Journal of Econometrics, 1995, 68 (1): 115-132.

[174] Wooldridge J. Econometric analysis of cross section and panel data [M] . Cambridge, MA, The MIT Press, 2002.

[175] Yu S, Chen C L, Findlay C. Impact of FDI on Domestic Firms' Exports in China [R] . Working Paper, 2011.

[176] Zeddies G. Factor Content of Intra-European Trade Flows [R]. IWH Discussion Papers, 2011.

[177] Zhang K. Why does so much FDI from Hong Kong and Taiwan go to mainland China [J] . China Economic Review, 2005, 16: 293-307.

[178] Zhang Y, Li H Y, Li Y, et al. FDI spillovers in an emerging market: The role of foreign firms' country origin diversity and domestic firms' absorptive capacity [J] . Strategic Management Journal, 2010, 31 (9): 969-989.

[179] Zou S, Stan S. The determinants of export performance: a review of the empirical literature between 1987 and 1997 [J]. International Marketing Review, 1998, 15 (5): 333-356.